リンカン　Alamy 提供

上右：ゲティスバーグの戦い（1863年7月）　この戦いで北軍の勝利が確定した。（アメリカ合衆国議会図書館蔵）
Alamy 提供

上左：南北戦争での戦死者の墓

下右：将兵を励ますリンカン　アンティータムの北軍司令部にて。　Alamy 提供

下左：ゲティスバーグでの演説（1863年11月19日）「人民による人民のための政治」と述べた。　Alamy 提供

「奴隷解放宣言」の草稿を閣議で提示するリンカン（1862年7月22日）（アメリカ合衆国議会議事堂蔵）
Alamy 提供

リンカンの家族　妻メアリーと息子たち
Alamy 提供

新・人と歴史　拡大版 38

リンカン

―南北分裂の危機に生きて―

井出　義光　著

SHIMIZUSHOIN

本書は「人と歴史」シリーズ（編集委員　小葉田淳、沼田次郎、井上智勇、堀米庸三、田村実造、護雅夫）の「リンカーン」として一九七四年に、「清水新書」の『リンカーン　南北分裂の危機に生きて』として一九八四年に刊行したものに、表記や仮名遣い等一部を改めて復刊したものです。

はじめに

アメリカ合衆国第一六代大統領で「奴隷解放の父」といわれるリンカンほど、アメリカ内外の多くの人々から尊敬されてきた人間は少ない。と同時にアメリカの歴代大統領の中で、彼ほど神秘と謎に包まれた人間もいない。

アメリカの歴史家や政治学者が専門的立場から「偉大な」と評価する大統領の第一位はつねにリンカンであり、ギャラップ世論調査などによってもアメリカ人の中で人気ある大統領のトップは、やはりリンカンである。筆者が小学生の頃、もっとも尊敬する人はと先生に聞かれて、クラスの生徒が答えたうちの一位がリンカンであった。第二位は野口英世だったと思う。

西部のケンタッキーの丸木小屋に生まれ、フロンティアの中で成長したリンカンが、成人して弁護士、政治家となり、奴隷制度をめぐる連邦の危機が到来するや地方政界から一挙に中央政界におどり出て、ついにアメリカ史上最大の悲劇たる南北戦争中の北部大統領として連邦を守るため命をかけて闘い、勝利の直後、キリストが処刑された聖金曜日に暗殺されたのである。

彼はその死の一〇日ほど前に、誰か知らないが暗殺された大統領の柩《ひつぎ》がホワイトハウスの東の間に安置されている夢を見たという。リンカンの伝記を読む時、大統領に当選してワシントンにおもむくあの雨のスプリングフィールドの別れから始まって、すべてが彼の暗殺による死に集中していくように感じるのは、私だけであろうか。今に残る写真の中の彼の顔は、憂愁《ゆうしゅう》に満ち、キリストの顔もかくやと思わせるほどである。それは、当時写真術が進歩していなかったため、写される者は長い間身動きもできず、そのためこういう顔になったのだという説明だけではすまない顔である。

しかしながら、実際のリンカンは、神のようなリンカンとはかなり違った人間であった。若き西部開拓者としてのリンカンは、多少怠けぐせがあり、冗談を好むお喋《しゃべ》りの人間であった。彼は、農民となるより町に住む弁護士を志し、ついで大変現実的な政治家となったのである。彼は大統領になってから、馬鹿げた笑いを誘う劇が好きであった。ホワイトハウスにおける彼は、毒々しい色あいのカップなどを好んで使ったという。

リンカンの物語について問題なのは、私たちが小さい時教えられたリンカン物語や、アメリカ人の多くが知っているリンカン物語が、神話に色どられたものであるということである。

本書で描かれるリンカンの物語は、理想に燃える西部フロンティアの青年が見せた正義のための闘いの物語ではない。私は野心に溢《あふ》れた西部の青年が弁護士となり、ついで州政治家、そしてついに全国的政治家になっていく生々しい姿を描こうとした。これは「アメリカの聖人」「奴隷解放の父」「暗殺された殉教者」という言葉で示されるようなリンカンの物語ではなく、矛盾と混乱が相つぐ発展途上のアメリカの中で、アメリカがとるべき最善の道は何かということを考えるようになり、その現実的な道を開くために努力し、その途上、一人の人間としても素晴らしい成長をとげていったリンカンの物語のつもりである。

※本書の一九七四年刊行の底本では「リンカーン」という表記になっていますが、本書は、近年の高等学校世界史教科書などの表記に従い、「リンカン」の表記に改めました。

——清水書院編集部

目次

Ⅲ 南北対立の激化

Ⅳ 大統領への道

V　南北戦争その一

Ⅵ　南北戦争その二

イギリスとの協定線
(1842)
メーン
ヴァーモント
ニュー
ハンプシャー
マサチュー
セッツ
ロードアイランド
コネティカット
ニューヨーク
ミシガン
ウィスコンシン
1783年の国境
ペンシルヴェニア
ニュージャージー
デラウェア
メリーランド
オハイオ
インディアナ
イリノイ
ウェスト
ヴァー
ジニア
ヴァージニア
ケンタッキー
リンカン家の
移動経路
ノースカロライナ
テネシー
サウスカロ
ライナ
ミシシッピ
アラバマ
ジョージア
スペインとの条約
(1819)
併合
(1810)
併合
(1813)

アメリカの領土的発展とリンカン家の移動図

TO

SACHIKO

LISA

CORKY

I

悲しみの旅路

スプリングフィールドへ

❖葬送の列車

一八六五年四月二一日の金曜日、第一六代アメリカ合衆国大統領エイブラハム゠リンカンの遺体を乗せた特別列車は、脱帽した群衆の見守る中を静かにワシントンの駅を発車し、ボルティモアに向かった。七輛編成のこの特別列車には、リンカン夫人と息子のタッドとロバート、リンカンの最初の同僚弁護士ジョン゠スチュワート、イリノイ州出身の古い友人たち、イリノイ・インディアナ・オハイオ・アイオワ各州の知事、ワード゠ヒル゠レモン大佐、デイヴィッド゠デイヴィス最高裁判所判事、デイヴィッド゠ハンター将軍、それにリンカンの元秘書などが乗っていた。

ボルティモアで弔問を受けた列車は、ペンシルヴェニア州をゆっくり北上した。沿線には人が立ち並び、どんな小さな町でも群衆が列車を待ちわびて集まっていた。ハリスバーグでは雨にもかかわらず、夜から翌朝にかけてリンカンの柩《ひつぎ》に参列した人々は三万人に達した。二二日の正午、列車はフィラデルフィアにはいり、インディペンデンス-ホールに安置された柩に参列した会葬者の列は三マイルに達したといわれている。ニュージャージー州のヌーワークでもジャージーシティーでも、汽車は、人の波の中を進んでいった。ニューヨークでは、リンカンの遺体は二四日の正午近くから翌日の正午まで市役所に安置されたあと、市役所を出てハドソン川停車場に向かった。この葬列に加わった者は約一〇万、行列の最後には黒人団体二〇〇〇人が従っていた。

❖汽車は西へ

その夜リンカンの葬送列車はハドソン川に沿って北に走った。列車がオルバニーに着くまで、沿線では死せるリンカンを見送るため、かがり火や松明《たいまつ》が燃えていた。このオルバニーで列車ははじめて方角を西に向け、エリー運河地帯をバッファローまで走った。クリーヴランドでは、柩は市の公園に特別につくられた聖塔の中に安置され、オハイオ州北部の各地から集まった会葬者の礼を受けた。ここからクレストラインまでは雨となったが、その雨の中を途中の町の人々が松明をたいて列車を見送った。コロンバスへ五マイルの地点では、老婆が風雨の中を左手に野の花を持って立っていた。列車はゆっくり止まって彼女から花を受け取った。四月二八日、リンカンの柩はオハイオ州首都コロンバスの議事堂丸屋根の下に置かれた。リンカンが最後にホワイトハウスを出て、運命のフォード劇場に向かってから、この日でちょうど二週間が経っていた。

汽車はコロンバスからインディアナポリスへ、さらにシカゴへと向かった。ミシガンシティーから汽車はミシガン湖を右に眺めつつ、白い砂丘の上をゆっくりと進み、五月一日静かにシカゴ市一二丁目とミシガン通りの間にはいった。柩が降ろされてコートハウスに向かった時の行列は五万人、その夜から翌日にかけてリンカンの柩を訪れた人々は、一二万五〇〇〇といわれている。

五月二日火曜日、リンカンの柩は松明を持つ数千の人々に護られて、葬送列車の待つアルトン鉄道の駅まで運ばれた。リンカンの故郷スプリングフィールドへの最後の旅である。途中ジュリエットでは深夜の駅に一万二〇〇〇の人々が列車を出迎えた。五月三日の早朝、列車はイリノイの平原を走りぬけ、ベルを鳴らしつつ、黒煙をたなびかせながらついにスプリングフィールドにはいったのである。そしてサンガモン川の橋を渡り、ビジネスーセンターにはいってきた。あまりに多い人のために、駅にも近づけず、建物の屋上で列車を迎えた人も多かった。九時九分、列車は兵隊と町の幹部たちが出迎えるシカゴーアンドーアルトン停車場に止まった。礼砲が発射され、バンドが荘重な葬送の曲をかなでた。町の鐘が鳴り出した。全くの沈黙のうちに、人々はリンカンの柩が列車から運び出されるのを見守った。やがて柩はイリノイ州議事堂の中に安置され、夜を徹して参列者の波が柩のそばを通り過ぎていった。人口七万五〇〇〇のスプリングフィールドのすべての人々が参列したかのようであった。

❖リンカン故郷に眠る

一八六五年五月四日、リンカンの柩はここではじめて完全に封をされ、葬儀の列が議事堂からオークリッジ墓地に向かった。その墓地では、墓室付近から立ちのかされた数千の群衆が、最後の儀式をじっと見守っていた。墓室にリンカンの柩が置かれ、その隣に、六二年一二歳で先に死んだリンカンの息子のウィリーが、リンカンがあれほど愛したウィリーの柩が、父親に抱かれるように並べられた。

讃美歌が歌われ、リンカンの第二次就任演説が朗読された。葬儀演説を行ったのはマシュー＝シンプソン牧師であった。スタントン陸軍長官やリンカン内閣の財務長官であったチェイス最高裁判所長官と親しいシンプソン師は、共和国アメリカの維持に尽したリンカンを讃え、南部に厳しくあれと説いた後、つぎのような言葉で演説を結んだ。

わたくしたちはあなたを、わたくしたちの殉教者として冠を捧げ、人類はあなたを輝ける息子として王位につける。英雄よ、殉教者よ、友人よ、さようなら。

リンカンの柩の上には、つぎからつぎへと絶え間なく花が撒《ま》かれていった。そして、詩人カール＝サンドバーグの言葉を借りれば、

やがて夜――大いなる静寂

そして――長い休息

大草原の幾星霜、戦争の時代、それもいま、すべて終わったのである。

ワシントンへ

❖悲しみに溢れた挨拶

思えば、リンカンの柩をワシントンからスプリングフィールドまで運んだ一七〇〇マイルの旅路は、それより約四年二か月前、スプリングフィールドからワシントンまで、大統領に就任するリンカンを運んだ汽車の旅路とよく似た、逆のコースであった。葬送の列車が途中停車した駅も、ワシントンへの往路にリンカンの列車が停車した駅とほとんど同じであった。ただ違うのは、往路の列車が乗せたのは次期大統領リンカン、帰路の列車が乗せたのはその遺体であったことである。

リンカンが故郷スプリングフィールドをワシントンに向け出発したのは、一八六一年二月一一日午前八時であった。その日は冷たい冬の雨が降っていた。八時少し前に、大西部鉄道の駅に待機した特別列車の展望台に立ったリンカンは、見送る人々に向かって、思いついたように簡単な挨拶をした。普通なら大統領就任の旅の門出に行われる挨拶は華やかなものである筈である。しかしこの有名なリンカンの別れの挨拶には、むしろ悲しみが溢れていた。その頃アメリカの南部ではすでに七つの州が合衆国から脱退して南部連合国を結成しつつあった。アメリカは、一七七六年独立以来の最大の危機に見舞われていたのである。このような国家分裂の危機に大統領に就任しようというリンカンの別れの挨拶が、厳しいものになるのは当然ではあったが、同時にこの挨拶の中には、リンカン自身の死を予測するような響きがあったのである。

友だちの皆さん、私の今のような立場におかれたことのない人々には、このお別れに際しての私の悲しみはお判りにならないと思います。私の今日あるのは、すべてこの土地と、この土地の人々の親切のおかげであります。この土地に私は四分の一世紀、若い頃から年を取るまで過ごしてきました。ここで私の子供たちは生まれ、その一人は死んで葬られています。私は今この土地を去りますが、いつここに帰ることができるか、あるいはここに果たして再び帰ってこられるかどうかも判りません。私の前には、ワシントンの双肩にかかっていたものよりももっと重い仕事が待っています。ワシントンをつねに助け給うた神の守護がなければ、私はとうてい成功できません。神の守護があれば失敗することはありません。私と共にあり、皆さんと共にとどまり、またどこにでもいてくださる神を信頼して、すべてのことがよくなるものと固く希望しましょう。願わくば皆さんが祈りの中で私を神の御手に委ねて下さいますよう。私も皆さんを神の御手に委ねつつ、心をこめて皆さんにお別れを申しあげます。

❖汽車は東へ

雨のスプリングフィールドを出発したリンカンの特別列車は、一二日間にわたるワシントンへの旅路についた。この特別列車に同乗していたのは、同僚弁護士ワード＝ヒル＝レモン、O・H・ブラウニング、ジェス・K・デュボイ、判事デイヴィッド＝デイヴィス、シカゴのノーマン・B・ジャッド、平服を着た四人の合衆国陸軍将校、大統領選挙でリンカンを応援したエルマー・E・エルスワース大佐、それに新聞記者団であった。

このワシントンへの旅路の間に、リンカンは沿線五州の州知事や政治家、各界の実力者と会い、演説も二〇回以上行った。しかしリンカンのこの旅は、概して評判が悪かった。すでに国家が分裂を始めているという危機に際し、次期大統領がはっきりした態度を表明するのを多くの人々は期待していた。にもかかわらずリンカンが正式な立場を表明することをできるだけ控えたからである。それどころかピッツバーグやクリーヴランドの演説では、この国家的危機は人工的なものにすぎないといって、多くの人々をびっくりさせたのである。

リンカンと一行を乗せた特別列車はトレノでイリノイ州最後の停車をしたあと、その日の午後インディアナポリスにはいった。ここでリンカン夫人と子供たちが列車に乗り込んできた。翌二月一二日、リンカン五二歳の誕生日の午後、列車はオハイオ州シンシナティに着き、リンカンは馬車と行列に迎えられて市長の歓迎会に臨んだ。一三日リンカンはオハイオ州首都コロンバスの州議会で演説し、翌日はピッツバーグで市長に対し簡単に歓迎への謝意を表したが、その話には国家の現状についての分析もなく、次期大統領としての政策構想もなく、多くの人々が失望したのであった。列車はピッツバーグから北に方角を転じ、オハイオの広野を走ってクリーヴランドに到着した。ここでも彼は、現在の危機は人為的で、放っておけばよくなるなどといったのである。

汽車がニューヨーク州にはいり、ウエストフィールドに着いた時には、後世に残る有名なエピソードがある。この村でリンカンが群衆に挨拶した時、彼はグレース＝ベデルという少女を探し出してもらった。この少女は、大統領選挙戦中にリンカンに手紙をよこし、その方が大統領としてにつかわしいからといって、ひげを生やすようすすめたのである。演壇の所に来たグレースに、「見てごらん、グレース、あなたのために生やしたひげだよ」。そういってリンカンは彼女にキスをしたという。

心温まるこのエピソードもこの時は評判が悪かった。というのはささやかなこの事件は、評判の悪いリンカン攻撃の材料としてすぐにその日のニュースにのって全国に拡がったからである。「リンカンは国中をぶらぶら歩き廻って、女の子にキスをしたり、ひげを生やしたりしている」という者もあった。

リンカンの汽車はバッファローを通り、エリー運河地帯を走った。ロチェスターを過ぎた二月一八日、アラバマ州モントゴメリーでジェファソン＝デイヴィスが南部連合国大統領に就任したという電報が届いた。この頃からリンカンは、それまで以上に公式な発言を控えたいという気持を見せるようになった。ニューヨークへ着いたのは一九日の午後三時であった。次期大統領歓迎の行事が続いた。二〇日の朝リンカンは市役所で挨拶した。民主党の本処のニューヨークでの歓迎ぶりは大げさであったが、冷淡なものであったという。

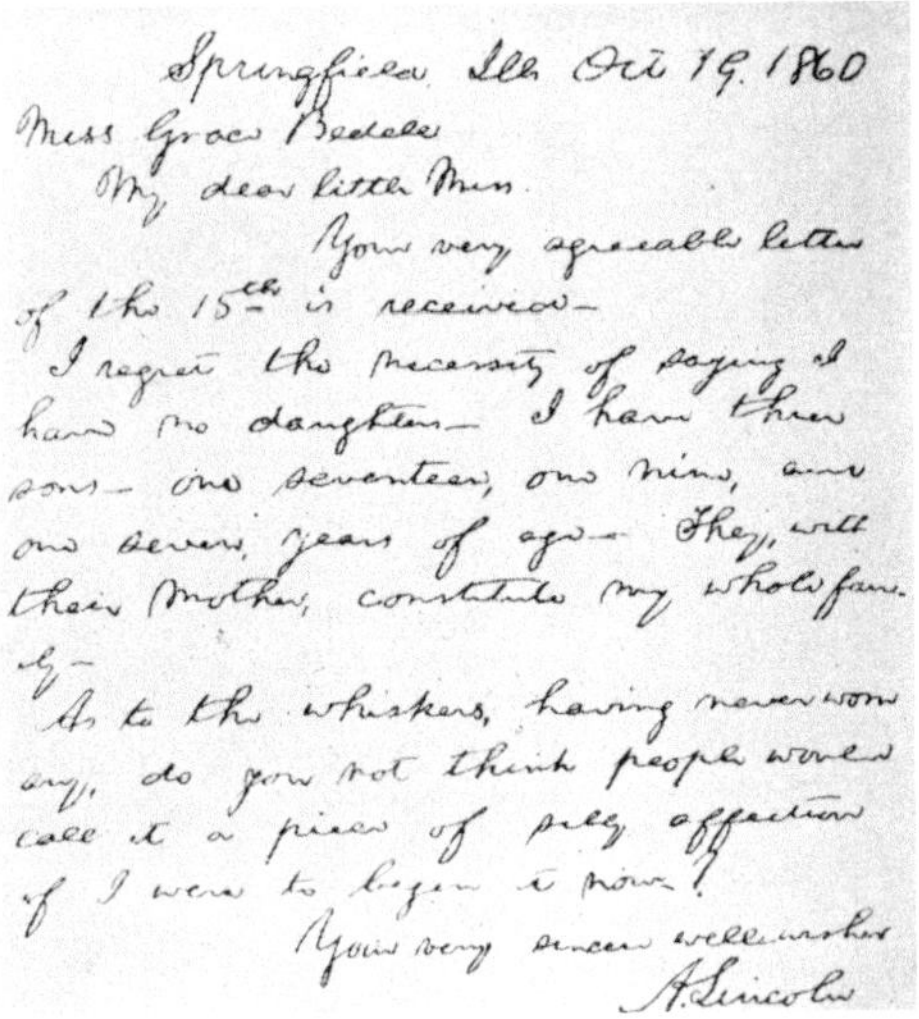
Springfield Ills Oct 19. 1860
Miss Grace Bedell
My dear little Miss.
Your very agreeable letter of the 15th is received—
I regret the necessity of saying I have no daughter— I have three sons— one seventeen, one nine, and one seven, years of age— They, with their Mother, constitute my whole family—
As to the whiskers, having never worn any, do you not think people would call it a piece of silly affection if I were to begin it now?
Your very sincere well-wisher
A. Lincoln

少女への手紙

二一日朝ニューヨークを発った列車は、ジャージーシティーとヌーワークに数分停車したあと、トレントンに停り、リンカンはこの州の上下両院で挨拶した。この挨拶でリンカンははじめて国家的危機の重大さを認めた。かれが、自分を国家という船を導くパイロットになぞらえたのもこの時であった。

❖ 暗殺計画

フィラデルフィアにはその日の午後四時に到着した。到着して間もなく、リンカンは私立探偵のアラン＝ピンカートンから、ボルティモアで警察署長を含めたグループによるリンカン暗殺計画があるという情報を聞いた。その夜、リンカンが国務長官に予定している上院議員ウィリアム＝シュワードからも、同じような危険を知らせる報告が届いた。かれの身に危険が迫っていることはほぼ確実であった。この時のことをある歴史家はこう書いている。「しかし彼（リンカン）は敢然としてボルティモアに乗り込み、演説をすませたのちワシントンにはいったのである。死を覚悟してホワイト－ハウス入りをした大統領は、リンカンだけだといってよい」。

しかし事実はこの通りではない。ピンカートン探偵らは慎重な暗殺回避の策をねり、リンカンもそれに従ったのである。

二月二二日、ワシントンの誕生日の朝六時、リンカンはフィラデルフィアのインディペンデンス－ホールの前庭と記念館で行われた式典に参加し、演説をした。暗殺計画のことがリンカンの念頭を離れなかったのであろう。この演説の中で彼は、アメリカの理想が維持できないなら自分はこの場で暗殺された方がましだ、という意味の発言をしている。

その日はそれからハリスバーグに行き、軍隊の演習を見、知事の歓待に感謝する挨拶をした。その晩は彼のための会食があった。リンカンは六時近く食事中に呼び出され、二階で平服に着換え、ひそかに馬車でペンシルヴェニア鉄道の駅に急いだ。機関車と客車一輌だけの列車はすべて灯火を消してフィラデルフィアへ走った。列車が発つとすぐ、ハリスバーグから出ている電信線は全部切断された。そして列車は夜一〇時フィラデルフィアの駅に到着し、すぐ馬車でボルティモア鉄道の駅に移り、そこへ滑り込んできたワシントン行き定期列車の最後部の寝台車にリンカンは乗り込んだ。席はピンカートン探偵社の女性が病気の兄用として予約しておいたものである。「病気の兄」は寝台にもぐり込み、慎重にカーテンをおろした。このワシントン行きの列車は、途中ボルティモアで西からの連絡列車待ちで一時間以上停車したあとワシントンに向かった。こうしてリンカンは二月二三日の朝六時にワシントンに到着したのである。

一方、リンカンがハリスバーグから乗る筈であった特別列車は、予定通り二三日の午後ボルティモアにはいってきた。これを出迎えた市長たちや群衆は、列車到着の最後の瞬間までリンカンがそれに乗っているものと思っていたのである。

❖威信のない次期大統領

スプリングフィールドからワシントンまでの曲りくねった一二〇〇マイルの旅は終わった。

すでに触れたように、この旅行中のリンカンの評判はよくはなかった。彼は時期早々に大統領としての計画を公けにすることを避けていたし、話すことにも新鮮味がなく、多くの人から見れば、確信もなく、重い責任を避けているように思われた。またリンカンは連邦維持の大切なことは説いたが、現在の国家的危機に対してはあまりに楽観的であるような印象を与えた。問題の南部諸州では連邦への愛着よりも州への忠誠が意外なほどに強いことを、リンカンは理解していなかったのであろう。

リンカン自身の身振りや話し方も、多くの国民にはなじみのないものであった。彼のぎこちない身振りやのっそりした歩き方、西部のなまりや彼特有の素朴なユーモアは、田舎者だという印象を与えてしまった。大きな長い手を見て、彼を「ゴリラ」とか「狒々《ひひ》」と呼んだ新聞もあった。とりわけリンカンが最後に暗殺者を恐れ、変装をして早朝ひそかにワシントン入りをしたという情報は、冷笑や暴言をリンカンにあびせかけるきっかけになった。臆病を風刺する漫画や記事が載せられた。大統領選挙中にリンカンを支持した「ニューヨーク・タイムズ」紙でさえ、リンカンがワシントンにはいってきた時には「スコットランド風の格子織りの帽子をかぶり、裾長の軍人用マントを着て、誰にも判らないよう変装していた」という作り話を掲載したのであった。

歴代のアメリカ大統領の中で、その就任に当たってリンカンほど威信の低かった者はおそらくないであろう。そもそも大統領選挙におけるリンカンの勝利は、民主党の分裂に決定的に助けられたものであって、リンカンの獲得した一般投票は、全体の約四〇パーセントに過ぎなかった。今日のような形の世論調査による支持率といったものが当時計算できたならば、ワシントン到着直後のリンカンの人気はいったいどのくらいになっていたであろうか。

この威信の低い次期大統領を待っていたのが、四年にわたる血なまぐさいアメリカ史上最大の悲劇、南北戦争であった。リンカンは文字通り死をかけて、アメリカの分裂を防ぐためこの戦争に取りくんだのである。五六年の生涯のうちで彼が全精力を傾注したのはこの最後の四年間であった。リンカンがその時代をどのように生きたかを見る時、焦点は当然南北戦争の時代に当てられる。しかしその前に、彼が大統領に至るまでの五二年間の成長と活躍、そして、その時代の背景とリンカンとのかかわり合いを、まず振り返ってみることにしよう。

リンカン

Ⅱ 政治家をめざして

ケンタッキーとインディアナ時代

❖生い立ち

リンカンの生い立ちや少年時代については、確実に知られている事実が少ない。リンカンが一八六〇年に選挙用に急いで書いた自伝風のスケッチがあるが、たいした長さではない。あとで触れるように、リンカンは生涯を通じて継母を敬愛していたが、父や実母のことについては成人してからあまり話したがらなかった。リンカンが死んだ時、生前の彼について調査し、最初のリンカン伝を書いたのは、同僚弁護士であったウィリアム＝ハーンドンであるが、その伝記にも偏見が多く信頼のおけないところがある。

リンカンは一八〇九年二月一二日、ケンタッキー州ハーディン郡のホッジェンスヴィルという村の近くの丸木小屋で生まれた。地理的にいえばここはアメリカの中でも南部である。リンカンの父方の先祖は、一六三七年にマサチューセッツに住み始め、当時他の人々が辿《たど》ったと同

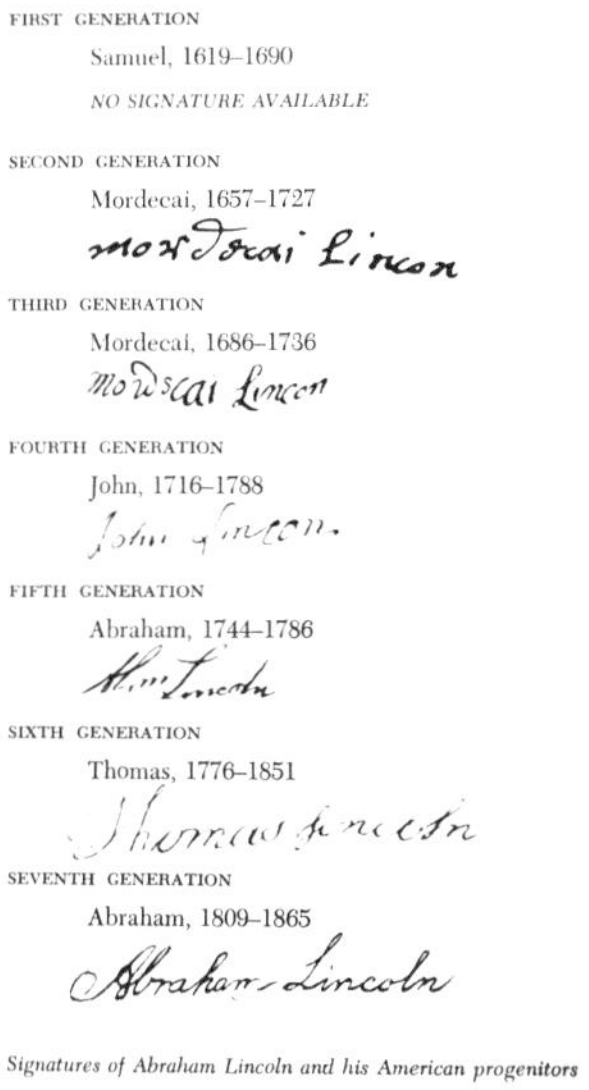

リンカン家６代のサイン

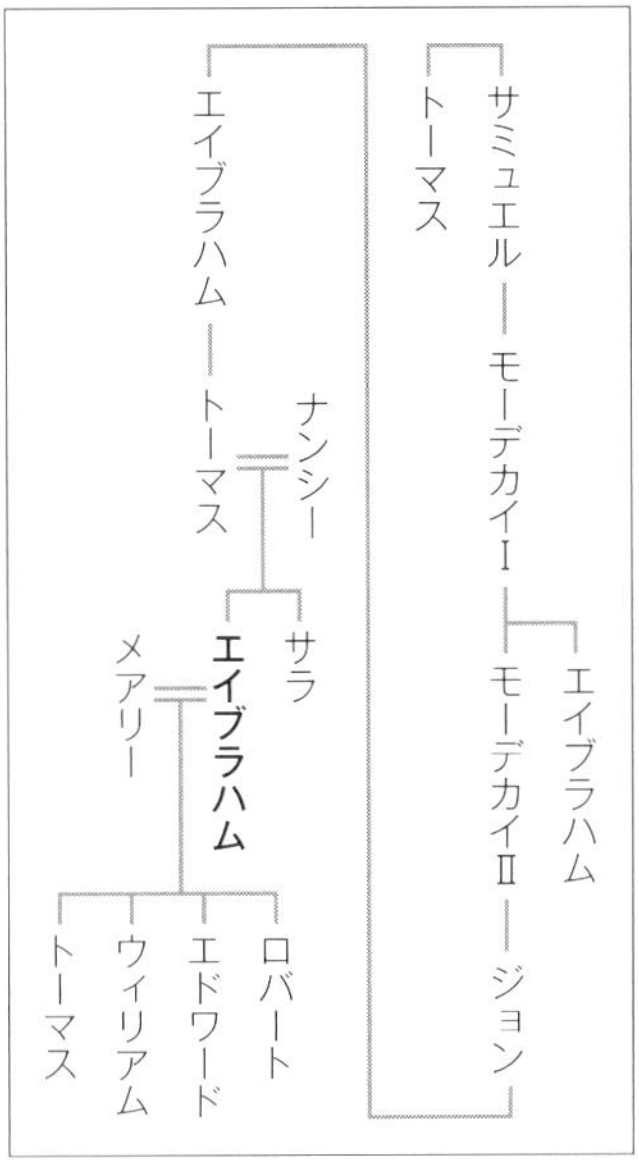

リンカン家系図

じように、そこからしだいに南や西に移動してきた。結局この家族は一七八二年ヴァージニアからケンタッキーに移り、その州内を転々とした。一七八六年リンカンの祖父は開拓地のとうもろこし畑で働いているところをインディアンに襲われ殺されている。

リンカンの父トーマス＝リンカンは、ケンタッキー州をあちこち移り住み、大工仕事や農業で生計を立てていたが、教育はなく自分の名前がやっと書ける程度で、学問を不必要なものと見下し、適当に働いて生きていくという人であったらしい。むしろ人間としての弱さ、つまり優柔不断さ、行動の鈍さ、内面的葛藤などが目立った人で、これらの性格は明らかにリンカンの中に引き継がれ、彼を悩ませることになるのである。リンカンは終生この父を好きになれなかった。一八五一年父が病気となり、息子に会いたいと希望した時も、彼は多忙と妻の病気を理由に病床の父を見舞わず、父の葬儀にも出席しなかったといわれている。

リンカンの実母ナンシー＝ハンクスについては、現在でもほとんど知られていない。ナンシーは、ヴァージニア紳士の私生児であったといわれているが、一八〇六年六月一二日トーマスと正式に結婚している。二人の結婚証明書は現在でも残っているが、リンカンがこの証明書を見たならば大いに喜んだであろう。というのは、彼は生涯自分が私生児ではないかと心配していたからである。もう一つ、ナンシーについて確実に知られていることは、彼女は文字の読み書きができなかったことである。

❖リンカンは怠け者だった

トーマスは妻ナンシーと長女サラと長男エイブラハムを連れてケンタッキーを転々としたあげく、一八一六年インディアナの森に移り、半面開きの小屋を建てた。半面開きの小屋とは、小屋の片面が開き、それを幕でおおって、必要な時に戸外で燃す火で家を暖める形式のごく粗末なものである。この小屋で一家はその年の冬を過し、翌年になってからようやく普通の小屋を建てた。しかし一八一八年の秋に「ミルク病」が流行し、一〇月はじめ妻ナンシーが死んでしまった。

トーマスはそれから約一年の間、娘と息子と三人で生活をした後、一九年一一月ケンタッキーへ戻り、一二月二日旧友で未亡人のサラ＝ブッシュ＝ジョンストンと再婚、サラの子三人を連れてインディアナへ帰った。トーマスがサラを後妻に選んだことは、ナンシーの子供二人にとっては大変な幸せであった。サラは働きもので、清潔好き、そして思いやりのある、しかも勇敢な女性であり、先妻の子を自分の子と区別なく育てたのであった。リンカンはこの継母を敬愛し、その恩をけっして忘れず、後に法律家になった時には、彼女の面倒をよくみたという。また大統領に当選した彼は、汽車と馬車を乗り継いで、実の子のように自分を育ててくれたこの継母をたずねたのであった。

リンカンがインディアナに住んだのは一四年間である。この間にリンカンは少年から大人に成長した。彼は近隣にできた学校に通い、読み・書き・算術を習ったが、一年足らずのこの学校教育がリンカンの受けた正式な教育のすべてである。彼は野良仕事をし、その作物を製粉所に運んだ。また時には、彼は父の命令で外働きに出て肉体労働に従うこともあった。斧《おの》のエキスパートになったのもこの頃のことである。しかし、俗説でいうように、リンカンがアメリカのフロンティアの典型的な働き手であったと考えるのは、どうやら間違いのようである。やせて長身の彼の力は強かったが、筋肉労働はけっして好きではなく、当時彼を雇った人々は、リンカンは怠け者だったとさえいっている。

リンカンは冗談好きで、話をしたり、人の話を聞いたりして時をすごすことが多かった。後年大統領になっても、リンカンが多くのたとえ話や冗談で人を笑わせていたことはよく知られている。リンカンはまた抽象的なことを考えたり、それを口に出すのが好きであった。このことは彼の政治演説をみればよく判ることである。

要するにリンカンは、粗野ではあるが親切で、冗談をよくいう話し好きの青年になったのであった。

このインディアナ時代には、これからしばらくして現われてくるリンカンの憂鬱症《ゆううつしょう》は、まだあまり出てこない。『リンカンの生涯と著作』（一九四〇）を書いたフィリップ＝スターンは、少年の頃のリンカンが馬を使って粉ひきをしていた時、その馬に頭を蹴られて意識を失い、それがもとで彼が時に憂鬱となる人間になったかもしれない、という意味のことを書いているが、もちろんこれは推測である。

❖ニューオーリンズへの旅

リンカンのインディアナ時代はゆっくりと過ぎていった。そのうちに姉が結婚し、その姉も子供を生むと同時に亡くなった。父、継母、リンカンだけが家族のメンバーとなった。そういう環境の中で、この時代のリンカンにただ一度だけ州外へ大旅行する機会が訪れた。一八二八年の春リンカンは、近所で最大の農場を持っていた男に頼まれ、頑丈な平底船を建造し、荷物をその息子と共にニューオーリンズまで運んだのであった。オハイオ川からミシシッピ川に出て南に下り、ニューオーリンズで船を売り払い、積荷商品を処分し、蒸気船に乗って帰ってきた。中洲や流木を避けながらオールを操るこの旅は彼にとって冒険であった。ある時岸近くに船を止めて眠っている間に、黒人の一群に襲われ、格闘の末追い払ったこともあった。

三か月にわたるこの旅行は、一九歳の田舎者リンカンに新しい視野を与えてくれたに違いない。ニューオーリンズの都会生活を見て、リンカンの胸の中には都会に対するあこがれが湧いてきたかもしれない。また、長い旅の間に、リンカンはアメリカがいかに広大であるか、中西部の人々にとって農産物輸出港ニューオーリンズがいかに大切であるかを、身をもって感じとったに違いない。この旅行でリンカンが支払いを受けた給料は一か月八ドルの計二四ドルであるが、彼が得たものは、金だけでなく他にもっと大きなものがあった筈である。

ニューセイラムの生活

❖再びニューオーリンズへ

一八三〇年三月、リンカンが二一の時、一家はイリノイのデカトーからそう遠くないサンガモン川の近くに移転した。イリノイを含めてアメリカの中西部、すなわちイリノイ・インディアナ・オハイオの南部の平原地帯は、ケンタッキーから相当多くの移住者がはいり、南部的色彩の濃くなった地域である。ケンタッキー・インディアナ・イリノイと移ったリンカン一家も、そういう移住者の流れに乗っていたのである。この地方へ来た南部系の人々の一部は、後に南北戦争が始まると、南部びいきの北部人となって、リンカン政府を悩ますことになるのである。

リンカン一家がイリノイの平原に移った年の冬は、歴史に残るような大雪であったが、彼らは何とかそれを切り抜けた。しかしこの厳しい冬の間にリンカンの運命を決する話が持ち込まれたのである。それは、以前ニューオーリンズまで平底船を操った彼の経験を買って、デン＝

オファットという人物が目をつけ、再びニューオーリンズまで荷物を運ばないかといってきたものである。この仕事をきっかけとしてリンカンは家族と離れて一人立ちをすることになるのである。

翌年の春、リンカンといとこのジョン＝ハンクスはスプリングフィールド近くで六週間をかけて平底船を建造し、荷物を積んでニューオーリンズまで運んだ。ハンクスによれば、競売台上の混血の黒人少女を見たリンカンは、ひどく驚いたという。

仕事を終えたリンカンたちはセントルイスまで蒸気船で戻り、そこから歩いてデカトーまで帰ったが、これは家族に別れを告げるためであった。今や二二歳になったリンカンに、オファットはニューセイラムにある自分の店で働くようにといってくれたからである。

❖ 新しい野心

話好き、冗談好きのリンカンは、ニューセイラムで多勢の友人をつくった。店の仕事にはあまり熱心でなく、オファットも商売に身を入れなかったので店はしだいにさびれてしまった。時間の余ったリンカンは手当りしだいに本を読み、英文法を勉強し、将来を考えて法律の勉強も始めた。店がとうとう駄目になると、仕事はなくなったが、肉体労働の嫌いなリンカンは新しい野心にとりつかれた。一八三二年の州下院議員選挙にホイッグ党から立候補しようと決心したのである。

二二歳のリンカンには、経済・金融の知識は皆目なかったし、歴史・政治・法律の知識もごく限られていた。しかし彼はニューセイラムでは非常に人気があった。彼がつくった政治主張、すなわちよりよい道路、よりよい運河、鉄道建設、教育の促進、よりよい法の成立などは、すべての人が気に入るよう、誰をも怒らせないよう、言質を取られないよう、ごく一般的な言い方で表現されていた。彼は生まれてはじめての選挙運動で、すでに現実的な政治家としての才能を見せていたのである。

その年の春から夏にかけ、ミシシッピ川上流ではブラックーフォークに率いられたインディアンが、三〇年前に失った土地の回復を求めて反乱を起こし、イリノイ北部にも侵入してきた。リンカンは直ちに志願兵部隊に参加し、三一連隊の隊長に選ばれた。志願兵部隊が解散しても、彼は連邦陸軍に兵士として残り、インディアン追跡に当たったが、実際の戦闘は一度も経験しなかったようである。志願兵部隊が解散した後も彼が兵士として留った理由には、当時リンカンには他に職がなかったこと、インディアン討伐に加わることは選挙に有利になることなどによったのであろう。

彼は八月六日の選挙に間に合うようには除隊したが、選挙の結果は一三人の候補者中八位で落選であった。ニューセイラムの投票者約三〇〇のほとんどがリンカンに投票したが、彼はサンガモン郡全体ではまだまだ知られざる人物であった。

落選したリンカンは、再び商売を始めた。現金なしで雑貨店の権利を譲り受けるチャンスがあり、ある男と一緒に始めたが、その男が酒の飲み過ぎで死ぬとたちまち事業は落ち目となり、リンカンは一一〇〇ドルの借金を背負うことになってしまった。彼はこれを支払うのに一五年をかけなければならなかったのである。

この頃がリンカンの経済的にもっとも苦しんだ時代であった。そのため彼はどんな仕事でも引き受けて働いた。ある時は農場で割木をつくり、またある時には製粉工場で工員として働いた。その他にも選挙事務所の書記の役を引き受けたこともあったという。一八三三年五月には、彼は友人の口添えもあって、ニューセイラムの郵便局長に任命されたが、仕事はずさんであったらしい。勝手に局を開けたまま外出したり、友だちや自分の支持者の出す手紙を無料扱いにしたりしたという。また、この当時のリンカンは、測量技術をも習い、測量官助手となって、サンガモン郡北部の測量などして収入をえている。こういう中にあってもリンカンがその頃の人々よりも本を読み、多くの人々と知り合いになっていったのは以前と変わらなかった。彼が読んだ本の中では、ギボンの『ローマ帝国興亡史』のような歴史もの、ブラックストーンの『コメンタリーズ』のような法律関係書のほか、トーマス＝ペインの『理性の時代』、『ワシントンの伝記』などが目立ったものであった。

❖州下院議員に初当選

一八三四年の中間選挙で、リンカンは再びイリノイ州下院議員選挙に立候補した。彼はホイッグ党員であったが、この選挙の時には民主党の友人が彼に接近し、結局彼は民主・ホイッグ両党の連立候補として出馬したのであった。三〇年代はじめのジャクソン大統領の時代は、関税、国立銀行の問題をめぐって合衆国の南北が対立し、全国的に騒然としていたが、この年は大統領選挙でなく中間選挙の年であったために、全国的な政策はあまり問題にならなかった。リンカン自身も連立候補であるためか政策を表明するということもなかったし、演説もあまり行わなかった。この八月四日の選挙で彼は初当選した。

三四年の夏から秋にかけて、リンカンは郵便局の職の他にも測量その他の仕事をしていたが、時間の許すかぎり法律の勉強を重ねた。一一月の終わりに、友人から二〇〇ドル借りて身仕度をし、イリノイ州の首都ヴァンダリアに向かった。

ヴァンダリアの州議会では、リンカンは、すでに選挙の時に世話になっていたジョン＝スチュアートと組んで働いた。新人の彼はそう重要でない決算委員会の委員に任命された。スチュアートはイリノイ州ホイッグ党の中堅幹部であったので、彼の部屋には多数の議員や関係者が出入りし、リンカンはこれらの人々と知り合いになれた。その中に、小男であるが頑丈な

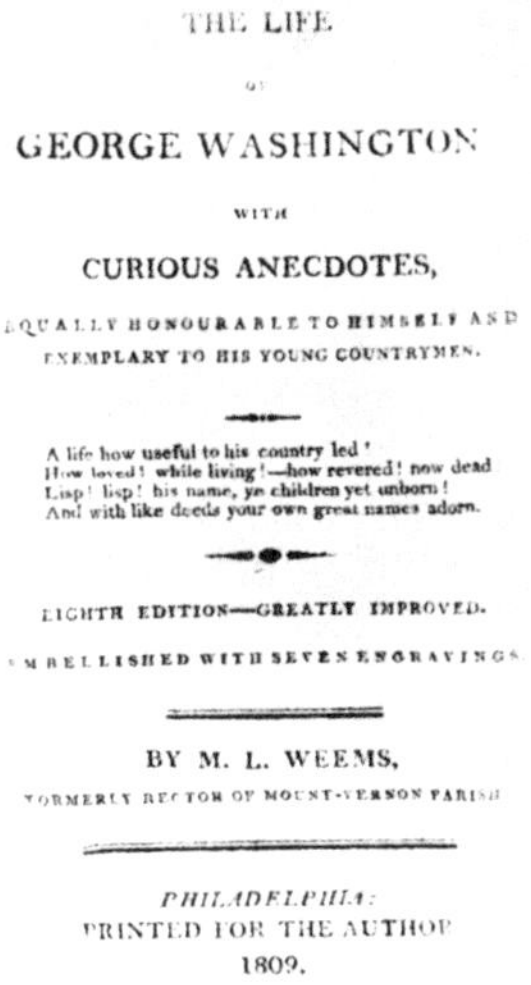
THE LIFE

OF

GEORGE WASHINGTON

WITH

CURIOUS ANECDOTES,

EQUALLY HONOURABLE TO HIMSELF AND EXEMPLARY TO HIS YOUNG COUNTRYMEN.

A life how useful to his country led!
How loved! while living!—how revered! now dead
Lisp! lisp! his name, ye children yet unborn!
And with like deeds your own great names adorn.

EIGHTH EDITION—GREATLY IMPROVED.

EMBELLISHED WITH SEVEN ENGRAVINGS.

BY M. L. WEEMS,

FORMERLY RECTOR OF MOUNT-VERNON PARISH

PHILADELPHIA:
PRINTED FOR THE AUTHOR
1809.

リンカンの読んだ
『ワシントンの伝記』

体格をした民主党員で、リンカンより四歳年下のスティーヴン・A・ダグラスという人物がいた。彼は、もともとヴァーモント生まれだが、イリノイのモーガン郡で弁護士の事務所を開くため陳情に来ていたのであった。これが後に奴隷制をめぐってリンカン・ダグラス論争を展開することになるダグラスであった。

議会が閉会になると、リンカンはニューセイラムに帰り、郵便局長と測量士の仕事をしながら、辛抱強く法律の勉強を続けた。

三六年一月以後、リンカンは、いよいよ弁護士となる努力を重ねた。三月二四日には、弁護士としての第一条件として、サンガモン巡回裁判所から品行正しい善良なる市民であるという証明書を貰《もら》った。その年の暮、彼は州議会選挙に再び立候補し、この時は最高点で当選した。この頃民主党は、候補者を秘密幹部会《コーカス》で決めるかわりに指名大会組織の採用に踏み切ったため、党内保守派が反対し、ホイッグ党を支持したこともリンカンに幸いした。リンカンが弁護士の試験を受けたのはこの当選の直後であった。口答試問は州最高裁判所判事二名の立合いの下で行われ、リンカンはこれに合格した。その夜リンカンは、慣例に従って試験官を夕食に招待した。
かくしてリンカンは、政治的野心を達成する第一歩として州議会議員の地位を確保すると共に、生活の手段として弁護士の資格をも獲得したのであった。

❖現実的な政治家リンカン

新しいイリノイ州議会は三六年一二月五日に開会されたが、この議会を通じて判ることが二つある。第一は現実的な政治家としてのリンカンの姿がこの頃からすでによく出ていることであり、第二は奴隷問題をめぐる彼の基本的な態度がうかがわれることである。

リンカンはホイッグ党の院内総務となり、サンガモン郡出身のホイッグ党議員九人の中心となって活躍した。とくに彼が精力を集中したのは、イリノイの首都をヴァンダリアからスプリングフィールドに移転しようという計画であった。議会はまず民主党新議員スティーヴン＝ダグラスが提出した国土改良のための総括議案をめぐってもめたが、この法案をめぐるさまざまな駆け引きの中で、リンカンは、他派の議員にもできるだけの役得を与え取引にも応ずる構えを見せた。それはすべてスプリングフィールドへ首都を移転するという法案への彼らの支持をとりつけるためであった。

リンカンらの努力、すなわち国土改良をめぐる他議員への説得や脅迫が功を奏して、「イリノイ州政府の所在地を永久化する案」は一八三七年二月二四日議会を通過し、ついで上下両院合同会議の投票の結果、移転場所はスプリングフィールドと決まった。

もう一つ大切なことは、閉会三日前にリンカンがニューイングランド出身のダン＝ストーン議員と連名で、奴隷制に関する抗議文を提出したことであった。この中に当時のリンカンの奴隷制に関する考え方がよく出ているのである。

その頃のアメリカでは奴隷制をめぐる激しい議論が南北間だけではなく、各州内でもさまざまな形で行われていた。南部的色彩の濃いイリノイ州の議会でもこの時、奴隷制廃止論に反対し、奴隷は憲法の保障する神聖な財産権利であって、所有者の同意なくしてこれを奪うことはできないという決議文が通過しているのである。これに対しストーンと連名でリンカンが出した抗議文はこういっている。

州内奴隷制度の件に関する決議文が、今会期中両院で可決された事情からみて、つぎの両名は同決議案の可決に対して以下の通り抗議するものである。

両名の信ずるところによれば、奴隷制度は元来不正義と悪しき政策にもとづくものである。しかし、廃止論の原理を高揚することは、同制度の害悪を減少するよりもむしろ増大させる恐れがある。

両名の信ずるところによれば、合衆国政府はそれぞれ異なる諸州内の奴隷制度に対し干渉する憲法上の権利を所有しない。

両名の信ずるところによれば、合衆国議会はコロンビア特別地区内の奴隷制度を廃止する権利は、憲法上所有しているものである。しかし特別地区の住民が要求する場合のほかはこの権利を行使すべきでない。

ここに述べた意見と前述決議案に盛られた意見とは相違する。これが本抗議文を提出する理由である。

奴隷制度は絶対に悪である。しかし奴隷制度をすぐに廃止しようという考え方は現実には無理が多く、かえって害悪が多い。連邦政府には各州の奴隷制度に干渉する権利はない。こういう奴隷制についてのリンカンの考え方は、きわめて現実的、見方によれば大変保守的な考え方であるといえる。この考え方は、後に彼が全国政治の舞台に出てから何回となく繰り返し口に出されるのであって、我々はリンカンをあまりに容易に奴隷制廃止と結びつけてしまうと、往々にして間違いをおかしてしまうことになるのである。

スプリングフィールドの弁護士

❖州都スプリングフィールドへ

この会期が終わるとリンカンはニューセイラムへ帰ったが、それはかねて考えていたようにスプリングフィールドへ移る支度をするためであった。リンカンがニューセイラムに移り住んだ頃、この村はアメリカ大草原のフロンティアの村に見られた活気と希望で満ちていた。しかしこの頃になると、発展の中心は付近のピータースバーグに移り、明らかにニューセイラムは落ち目であった。リンカンにとって、ニューセイラムは多数の友人をつくり、職を、最後には弁護士という職を与えてくれ、さらに政治家としての第一歩を踏み出させてくれた村であった。しかし彼は新しい州都スプリングフィールドが、弁護士として、あるいは政治家としての彼にとってかくだんに都合のよい場所と考えたのである。リンカンは、スプリングフィールドを州都にするため活躍した一人であったから、この町の人々が彼を歓迎してくれるだろうと考えたのかもしれない。

丸木小屋に生まれたリンカンはよく西部開拓者の精神と同一視して考えられる。しかしこれはあまり当たっていない。開拓者がつねに新しい未開の土地を追い求めていく積極的なフロンティアの人とすれば、リンカンは、村から町へ、町から都市へとチャンスを見て移って行った人というのがより真実に近いであろう。

リンカンが当時人口一四〇〇のスプリングフィールドに移ったのは、三七年四月一五日であった。彼はすぐ雑貨商ジョシュア゠スピードの店の二階に部屋を借りて住んだ。そしてここで手広く地盤を築きあげていたジョン゠スチュアート法律事務所のパートナーとして開業したのである。

こうしてリンカンの二五年にわたるスプリングフィールドの時代が始まる。この時代にこの若き政治家は見事に成長して大統領にまで至るのである。当時彼は二八歳、もちろん彼は知るよしもなかったが、この時が彼の人生のちょうど半分を過ぎた時であった。

❖リンカンの女性問題

スプリングフィールドへの引っ越しに始まるリンカンの後半生について語り始める前に、リ

スプリングフィールドの町

ンカンと女性について触れておきたい。女性問題については数々の話が、時には誤まって、時には誇張されて伝えられ、リンカンをよりいっそう悲劇的な人物にするのを助長している。

たとえばニューセイラム時代に知り合った女性にアン＝ラトレッジがいる。今は伝説のようになっているこの美しい女性にリンカンは恋し、彼女もリンカンを好きになったが、愛の実る前に彼女は病死した。リンカンが生涯、時に深い憂鬱症に悩まされるようになったのはこのためである、というのである。

この話が世間に知られるようになったのは、四四年からリンカンの法律事務所のパートナーとなったウィリアム＝ハーンドンが、リンカンの死後一八六六年の講演で説明した時からである。アンは、ニューセイラムで宿屋と製粉所を所有していたジェイムズ＝ラトレッジの娘で、リンカンより四歳年下であった。彼女はニューヨークから来たジョン＝マクマナーという青年と婚約したが、その青年は東部へ両親を迎えに行く途中病気となり、そのまま音信不通となった。彼女はやがてリンカンを愛するようになり、リンカンも彼女に好意を持つようになった。しかし三五年八月、アンは今でいえば腸チフスであろうが、熱病で死んだのであった。

以上は大体事実のようであるが、その後ハーンドンがいうように、恋人の死によってリンカンは狂人のようになり、自殺を恐れた友人が彼を見張らなければならなかったとか、彼女の墓が雪や雨で打たれるのに耐え切れないリンカンが墓地を歩き廻ったとかいう話になると、あまり信用できないのである。またリンカン夫人となったメアリー＝トッドについては、彼女は計算高い女性で、スティーヴン＝ダグラスとリンカンという若い二人の政治家を天秤《てんびん》にかけ、結局リンカンを選んだのだという話に始まるさまざまな話が残っている。こういう話はそれから三〇年もたってからニューセイラムでかき集めた不正確な資料にもとづいてハーンドンが組み立てたものであるし、リンカン夫人をひどく嫌っていた彼が無意識につくりあげてしまったものかもしれないのである。

青年リンカンが交際した女性は他にもいた。その一人はアンの死後一年、一八三六年八月一日にケンタッキーから姉の家をたずねてニューセイラムにきたメアリー＝オーエンズであった。彼女はリンカンより一つ年上であったが、女性の恋しいリンカンはすぐ彼女に注目し、交際はかなり続いた。リンカンは結婚の申し込みもした。しかしメアリーはリンカンが女性の扱い方も知らない粗野な人と考えたのであろう。それをなかなか受けず、リンカンも途中でいやになってこの話はこわれてしまった。当時のリンカンは女性に対していかに処してよいか判らぬほど自信がなく、心理的にも混乱していた。三七年八月一六日に彼がスプリングフィールドからオーエンズ嬢に出した手紙は「この手紙の前に君に送ろうと二通も書きましたが、半分もゆかぬうちにいやになって破ってしまいました。最初のものは真面目さに欠けていると思われましたし、二通目はその正反対に思われたのです」という書き出しで始まり、スプリングフィールドで自分が寂しいことを説明したあと、「君が希望するなら自分は約束したことは絶対に守るが、君はそう希望しない方がよいだろうと思う」と書いているのである。翌年四月一日O・H・ブラウニング夫人にリンカンが書いた手紙はいっそう興味がある。長文のこの手紙でリンカンは、オーエンズ嬢と自分との関係の歴史を語り、その前の年には自分の妻にと思っていた彼女を、冗談めいた口調であざ笑っているのである。

これら二つの手紙は、若いリンカンの優柔不断さ、人を見る目の浅さ、女性問題に限った場合の精神の混迷を物語っている。リンカンは人間としてこのような状態から成長していったのである。

❖メアリーとの結婚

メアリー＝トッドとの結婚についてもここで触れておこう。メアリーはケンタッキーの名門、二人の知事その他有力な政治家を出しているトッド家の出身で、父親も実業家、政治家としてケンタッキーで幅広く活躍していた。彼女は三七年に一回、それから二年後にまた姉のニニアン＝エドワード夫人をたずねてスプリングフィールドへ来たが、南部上流社会の女性としての教養を持った彼女は、持ち前の魅力と才知でスプリングフィールド社交界の花形となった。メアリーとリンカンはあらゆる点で違っていた。メアリーが太り気味で、興奮しやすく、衝動的で、服装も派手であったのに反し、リンカンはやせて背が高く、不器用で、礼儀作法に欠け、服装も貧弱であった。当時のスプリングフィールドには民主党の若い政治家ダグラスをはじめ、多くの前途有望な青年たちがいたが、なぜメアリーとリンカンが愛し合うようになったかは誰にも判らない。利口なメアリーはリンカンの政治家としての才能を見抜いたのかもしれない。一方リンカンはスプリングフィールドでもっとも政治的、社会的影響力の大きいエドワード家との結びつきに魅力を感じていたのかもしれない。なおメアリーがダグラスとリンカンを天秤にかけたという話はハーンドンの創作である。ダグラスがメアリーに求婚した事実はない。

リンカンとメアリーは一八四〇年に婚約したが、結婚への道は謎めいて複雑であった。リンカンは、いぜん女性に対する深いコンプレックスを持ち、精神的不安定、優柔不断さに悩まされていた。彼らは翌年一月一日に婚約を解消し、その後リンカンはひどい憂鬱症状に悩まされ、自分を世界でもっともみじめな人間と呼ぶこともあった。おそらくリンカンは、自分やメアリーの幸せについて極度に自信をなくし、お互いの了解のもとに婚約を解消したのであろう。リンカンが四一年一月一日の結婚式に姿を現わさず、メアリーが激怒して婚約を解消したという話は、ハーンドンの作り話である。

婚約解消後のみじめなリンカンは、一年ほど一七歳の少女に思いを寄せたが、友人の助けもあってメアリーとの交際を再開し、四二年一一月四日エドワード家で結婚した。しかしその数か月後にリンカンは友人にあてた手紙で「この結婚は私にとってもっとも不可解な出来事である」と書いているのである。

リンカンとメアリーの家庭生活が幸せであったかどうかは一つの謎であって、軽々しく結論を出すことはできない。二人の性格には全く相反するものがあったし、彼女の欠点は時と共により目立つようになっていった。嫉妬心《しっとしん》が強く、使用人や出入りの商人の悪口を盛んにいい、持病の頭痛が烈しくなると口汚なくリンカンを罵《ののし》った。リンカンはどんな場合にも彼女に対し寛大な態度を取り、耐え切れなくなると子供を連れて外へ出たり、事務所で時を過ごしたりしたらしい。

リンカン夫人

といって、ハーンドンのいうように、彼らの結婚生活が地獄のようであったから、リンカンは外に生きがいを求めて大統領にまでなった、というように考えるのは間違いであろう。彼らの間には思いやりのこもった確かな愛もあり、子供に対する二人の愛情も美しかった。メアリーは若い政治家リンカンを助けて苦しい家計のやりくりもした。彼女にとって不幸であったのは、リンカン自身も一緒に生活するには難しい人間であったことである。身なりにかまわず、やぼくさく、何よりも時おり猛烈な憂鬱症に陥ってメアリーを困らせた。もちろんリンカンの政治好きも家庭生活をないがしろにする大きな要因であった。

メアリーの不安定な性格はしだいにひどくなり、人々に知られるようになると、彼女のことを悪くいう人はふえていった。後のことになるが、南北戦争中南部人であるがために大統領夫人が南部のスパイとして動いているのではないかと噂され、議会委員会で問題になったこともあった。大統領自身が委員会に姿を見せ、妻のために釈明したのもこの時である。リンカンが暗殺された後、年額三〇〇〇ドルの年金を未亡人に与えるという法案は、未亡人に対する反感から議会をなかなか通過しなかったということである。七〇年になってメアリーの精神状態はさらに悪化し、統合失調症との診断もあって、彼女は一時短期間ではあるが息子ロバートの手でイリノイ精神病患者収容所に入れられたこともあった。彼女が死んだのは八二年七月一六日、スプリングフィールドのエドワード家においてである。

❖法律事務所

さて、スプリングフィールドでリンカンと共同で法律事務所を開いていたスチュアートは政治にかまけて弁護士業をおろそかにしがちであった。一八四一年の春になって二人は合意の上で共同事務所を解散し、リンカンは当時サンガモン郡法曹界の第一人者であったスティーヴン＝ローガンと提携した。これはリンカンにとって非常に有利であった。ローガンの指導のもとでリンカンは法律の勉強をし、弁論の術を身につけていった。間もなくこの事務所はイリノイ州でも一流の法律事務所になっていった。しかしローガンが四二年から四八年まで州議会に出馬し、また自分の息子をパートナーにしたがったため、リンカンは提携を解くことにし、彼は四四年一二月、ウィリアム＝ハーンドンをパートナーに選び、リンカン・ハーンドン法律事務所を開設した。リンカンより九歳年下のハーンドンは、スピードの店で働き、はじめリンカンと同じ二階に住んでいたが、法律の勉強を始めて、弁護士開業資格を得るとともにリンカンのパートナーにして貰ったのである。

ハーンドンは理想主義者はただの積極的な人であったが、法律事務所のパートナーとしてだけでなく、リンカンの将来にとっても重要な人となった。ホイッグ党の若手オルガナイザーとして認められていた彼は、リンカンが政界に進出していくと、彼の広報マネイジャー、情報収集係、時にはリンカンの失敗を自分で背負い込むスケイプゴートともなったのである。また奴隷制廃止論者で後に共和党員となった彼は、ホイッグ党のリンカンを共和党にひきずり込む役割も果たしているのである。

ハーンドンはまた、リンカンの死後にはリンカンの生涯の記録の発掘者となった。彼は舞踏会でリンカン夫人の優雅さを蛇にたとえてほめたために夫人の怒りを買い、それ以来二人は生涯を通じて互いに蛇蝎《だかつ》のように嫌い合うことになった。「当代一の女山猫」「めす虎」「めすおおかみ」などは、ハーンドンがリンカン夫人をたとえて使った言葉である。しかしそれでも彼は、「家庭問題では私はいつもリンカン夫人に同情的だった。世間は、彼女が家の中でどんないやなことにも耐えなければならなかったかを知らないのだ」といっているのである。

リンカンとハーンドンは親子のように仲がよかった。大統領就任のためスプリングフィールドを去る前日、事務所へはいってきたリンカンは、古いソファに坐ってハーンドンと数時間も話し、去りぎわに風雨に打たれた古い「リンカン・ハーンドン法律事務所」の看板を眺めながら、「あれはそのままかけておこう」といったのである。「私が大統領に選ばれたからといって、リンカン・ハーンドン法律事務所に何の変わりもないことを、お客に判って貰おう。もし私が生きていつか帰ってきた時、その時には何もなかったように一緒に法律の仕事をしよう」。この看板はリンカンが暗殺された日までかかっていた。

❖連邦下院議員に当選

リンカンがイリノイ州下院議員に最初に当選したのは一八四〇年であったが、この時の彼は再度立候補する意志はないと、党に伝えている。その理由は連邦議員に出馬したいという野心のためであったようである。彼はすでにイリノイ州ホイッグ党の有力者となっていたし、首都にも友人が多くいた。それにこの四〇年にはホイッグ党のウィリアム＝ハリソンが大統領に当選しており、情勢は彼に有利に動いていると考えられたのである。

彼は自党から連邦下院議員候補に指名されるため、あらゆる運動をした。四〇年と四四年の選挙戦には党のため懸命に働いた。そして同じホイッグ党で出馬を希望していた他の二人と順番に一期ずつ立つという取引をして、四六年には候補者に指名された。八月彼は民主党候補ピーター＝カートライトを大差で破って当選した。この同じ年にダグラスがイリノイから民主党の連邦上院議員に選ばれている。

時の動きと連邦下院議員に選出という事実は、政治家としてのリンカンの視野を急速に拡げることになった。それまでのリンカンはイリノイ州の人であり、その関心は大部分イリノイ州内に限られ、政治家としての経験も地方政治に限られていたが、この頃から彼の眼は、イリノイの大草原のかなたに大きく開かれていくのである。

当選後の連邦議会は四七年一二月まで召集されなかったので、その間リンカンは弁護士業を続けるとともに、党のために活動した。四七年七月にはシカゴでホイッグ党主催の全国河川港湾大会が開かれ、リンカンは代表として出席した。国土改良計画促進のためのこの会合で、リンカンはオハイオのトム＝コーウィン、ミズーリのトーマス＝ベントン、ニューヨークのサーロー＝ウィードなどの政治家や、後に大統領としてのリンカンを大いに攻撃することになる「ニューヨーク・トリビューン」紙主筆、ホーラス＝グリーリーに会ったばかりでなく、茫洋《ぼうよう》たる大湖ミシガンや大平原をひかえて物資集散地として繁栄するシカゴを見たのであった。

❖「明白なる運命」とメキシコ戦争

リンカンの視野を全国的なものに拡げたもう一つの事件は、選挙後二週間もたたないうちに起きたメキシコ戦争であった。メキシコ領に移住したアメリカ人が反乱を起こしてつくったテキサス共和国を、アメリカは一八三七年に承認し、さらに四五年にはこれを併合した。そのテキサスとメキシコとの国境問題から起こったメキシコ戦争は、広漠たる北アメリカ大陸一帯に拡がろうとするアメリカ合衆国の野心の結果であった。リンカンが大平原の一隅で成人となり、地方政治家として成長している間に、時代は恐ろしい勢いでアメリカを西へ西へと拡大させつつあったのである。アメリカの現実はアメリカの夢と重なって、大西洋と太平洋にはさまれた一大共和国の建設が唱えられ、四五年七月にはジャーナリストのオサリバンが「年ごとに・〇〇万ずつ増加するわれら自由の民のため、天啓によって割り当てられたこの大陸に拡大することは、これこそわれらの明白なる運命《マニフェスト・デスティニィ》」と書いて、「明白なる運命」という言葉や考え方を風《ふう》靡《び》させたのである。このような西へ西への拡大が奴隷制度の拡大という問題と結びついて考えられた時、テキサス併合を奴隷制支持者の陰謀であるという併合反対論が生まれることになった。メキシコ戦争は国民的な支持を受けた戦争であったが、国民の一部には強烈な反対論があったのである。

イリノイの地方政治家であったリンカンは、遠いテキサスの問題にはあまり関心を持っていなかった。テキサス併合問題が論議されるようになっても、賛否のいずれにも発言しなかった。弁護士の彼のところには、逃亡した奴隷を取り返そうとする奴隷所有者の依頼もあったが、彼はそれを事務的に引き受け、適当に処理していった。しかし連邦下院議員となった今、リンカンは後にアメリカを二分させて悲劇的な戦争に追い込むことになる西部領土や奴隷制問題に対し、しだいに強い関心を向けるようになったのである。彼は奴隷制度を拡大する危険があるメキシコ戦争には反対の態度をとるようになった。それに彼は多くのホイッグ党員のように、民主党ポーク政権下の戦争にも批判的であった。

❖「地点」の質問

一八四七年一〇月二五日リンカン一家はスプリングフィールドを発ち、途中ケンタッキーのレキシントンでメアリーの親類や友人に会った後ワシントンへ向かった。ケンタッキーでもワシントンでもリンカンは奴隷を見、奴隷制反対運動が強くなっているのを感じた。

新連邦下院議員リンカンは、議会ではもちろん派手な活躍はできなかった。しかし開会後二週間の一二月二二日に歴史に残る決議案を提出した。それは対メキシコ戦争でアメリカ人の血が最初に流された地点がアメリカ領であったか、それともメキシコ領であったかをポーク大統領に質問したもので、メキシコがさきにアメリカ領に侵入したのだと主張する大統領に対する攻撃であった。もちろんこの質問は新議員が自党ホイッグ党のために行った職務の一部であったが、リンカン自身の見解を表明したものでもあった。翌月彼はもう一度立ち、同じような質問をした。これらの質問は、戦争が始まって二〇か月も経った時であったので誰も関心を寄せず、しかもイリノイの民主党系新聞は早速この「地点」の質問を嘲笑《ちょうしょう》し、リンカンとホイッグ党攻撃の材料にした。メキシコ戦争支持の強いイリノイで、リンカンも党も苦境に立ってしまった。

アメリカはメキシコ戦争で簡単に勝利を収めたが、その結果メキシコから獲得した土地に奴隷制を認めるかどうかという問題が生ずることになった。リンカンは、ペンシルヴェニアの民主党員デイヴィッド＝ウィルモットが提案したいわゆる「ウィルモット条項」に賛成した。「ウィルモット条項」とは、メキシコから獲得した土地には「奴隷制度も自発的でない隷従もあってはならない」とする予算修正条項である。「地点」についての質問はリンカンの緻密《ちみつ》さを示すものであったが、「ウィルモット条項」への賛成は、今ある地域以外に奴隷制を拡げてはならないという、その後のリンカンの一貫した考えを予想させるものであった。「ウィルモット条項」は結局否決された。

四八年一二月に始まった第二会期では、コロンビア特別地区の奴隷制や奴隷売買の禁止を要求した決議案にリンカンが反対したことが注目される。この決議案に反対した彼は独自の修正案を提出した。それは特別地区での奴隷制はいずれ廃止されるべきだが、奴隷制廃止は漸進的で、しかも奴隷所有者に対し金銭的な補償を伴わなければならないし、同時に廃止その他は住民の一般投票で採択されない限り行うべきでない、というのである。このような慎重で現実的な考え方は、すでに三七年のイリノイ州議会での抗議声明に見られたものであるが、これは後に大統領となってからも彼が再三主張したことでもあった。

リンカンはホイッグ党のため働いた。四八年の大統領選挙では党のザカリー＝テイラーのためにニューイングランド諸州を遊説してまわり、最後にイリノイで活動した。テイラーは当選したが、一方リンカンは下院議員を一期だけで引退すると表明した。イリノイ州ホイッグ党の他の指導者とかわしていた一期ずつの出馬という約束があったし、たとえ立候補してもメキシコ戦争に対する態度のために、当選はまず望めなかったからである。かれはテイラー政府の下で国土庁調査官に任命されるように大いに動いたがうまくいかなかった。そのかわり新たに組織されたオレゴン准州の知事の地位を提供されたが、遠い西部へ行くことをいやがったリンカン夫人が反対したためそれを断わり、結局スプリングフィールドへ戻って弁護士を続けるより仕方なかったのである。

❖失意の時代

この時リンカンは四〇歳。これから数年間の人生の最盛期に、野心をくじかれてイリノイで元の生活に戻ったリンカンの生活は楽しいものではなかった。失意の彼にリンカン夫人は時につらく当たったたし、五〇年二月には次男エドワードが四歳という短い生涯をとじてしまったことも大変な打撃であった。

彼はほとんど外で過した。彼はハーンドンに事務所をまかせ、巡回判事らと一緒に地方巡回に出た。町から町へ安宿に泊りながら旅をしても、家にいるよりはましであったのだろう。ある歴史家によれば、裁判がスプリングフィールド近くの町で開かれる場合には、通常、判事や弁護士は週末にスプリングフィールドに帰って来たが、リンカンだけは夫人にがみがみいわれ

リンカン家　（上）当時のたたずまい。中央にリンカンと息子がいる。（下）現在、国史跡となっている。

るのを避けてその町に泊り込んだそうである。スプリングフィールドにいなければならない時は、ハーンドンのいる事務所がいわば彼のかくれ家であった。

リンカン・ハーンドン法律事務所は粗末なものであった。部屋の真中には長いテーブルと短いテーブルがT字型に置かれていた。その上には緑色のラシャのテーブルークロスがかけてあった。部屋の隅に整理棚のついた書きもの机があり、それが二人の書類入れであった。他に二〇〇冊ばかりの本のはいった本箱とソファなどが雑然と置かれていただけであった。リンカンは部屋の様子には無頓着で、当面必要な書類を愛用の高いシルクハットの内側のへりにさしておくくせがあった。

リンカンは時には子供たちを事務所に連れてきて遊ばせた。リンカン夫妻には四人子供があった。ロバート（一八四三年生まれ）、エドワード（四六年生まれ）、ウィリアム（五〇年生まれ）、トーマス（五三年生まれ）の四人の息子である。リンカンは子供には大変甘かった。ハーンドンは事務所へ来た子供のことをこう書いている。「子供たちはどんな遊びをしても叱られなかった。……彼らが書棚から本を全部ひきずり出し、ペン先を全部折り曲げ、痰《たん》つぼをひっくりかえしても、やさしい父親は落ち着いていた。……私は何回も子供たちの細首をしめてやりたいと思った」。

弁護士としてのリンカンは、かなり有能であったようである。細かいことは嫌いで、法律的文書を書くことも苦手で、弁護準備にはあまり時間をかけなかったが、問題の所在を分析し、議論を組み立てることは得意であった。それに何よりも正直であった。

正直といえば、さきに触れたように一八五一年に父親がコールス郡で死んだ時、彼はその葬儀にも参加しなかった。その反面、継母を敬愛する彼は、彼女が相続した遺産を欲深い腹違いの弟から守るために努力した。父に対してさえ、リンカンはその気持ちを曲げて表現することができなかったのである。

リンカンの弁護士業はしだいに忙しくなり、収入もふえていった。彼の弁護料は他の弁護士よりもかなり安く、弁護士仲間から非難されたほどであった。しかし、相当な弁護料を取った訴訟事件もいくつか扱っている。たとえば鉄道会社に郡が課税できるかどうかを問題とした一八五六年の「イリノイ-セントラル鉄道対マクリーン郡」事件では、リンカンは鉄道会社側の弁護を引き受け、鉄道会社側の勝利となると、五千ドルの弁護料を会社に請求した。この額はあまりにも法外だと会社側が支払いをしぶると、彼は会社相手に訴訟を起こし、全額を獲得したのである。

月日はこのようにして過ぎていったが、リンカンのように全国政治の舞台を経験し、失意の中にも強い野心を抱いていた者にとってはこうした生活はつらいものであったろう。しかし、この時代の彼は、あたかも時代の波が彼を政治の世界に再び押し出すのを待っているかのごとく、暇さえあれば本を読み、アメリカを泥流のように襲い押し流そうとしている問題を研究していたのであった。その問題とは、アメリカの西部発展と奴隷制度という二つが生みつつある国家的騒乱であった。

III

南北対立の激化

ナショナリズムとセクショナリズム

❖アメリカ的信条

失意のリンカンがイリノイで弁護士を続けていた頃、アメリカを泥流のように襲い、押し流そうとしていた騒乱とは、一体具体的には何であったろうか。そしてリンカンは、それにどのような反応を見せていったのだろうか。

その騒乱とは一言でいえば、建国以来アメリカ全体を一つにまとめあげてきたナショナリズムの流れと、アメリカの各地域がそれぞれの独自性を主張しようとするセクショナリズムの流れとの衝突が生み出した、恐ろしい渦のような騒乱である。

まずナショナリズムについてみてみよう。アメリカは、地理的には広大で多様性に富み、人種的にもヨーロッパを中心に世界のあらゆる民族が集まっているため、言語・風俗・習慣に至るまできわめて多様性に富んだ国であった。したがって小さい島国で多様性に乏しい日本などに比べると、国家としてのまとめ方が難しく、いつも国民をまとめあげていく何ものかが必要な国であった。その何ものとは、旧大陸と離れて存在するアメリカの地理的位置とか、アメリカがつくりあげていった経済組織とかいろいろあるが、中でもとりわけ重要であったのは、アメリカは旧世界と違った独自の価値を持つすばらしい国であるという、アメリカ人の信念であった。

この考えは、封建的なヨーロッパ大陸からの移民が新大陸に植民を始めた植民地時代からすでに見られたが、アメリカがイギリスから独立する頃になると急激に強くなっていった。アメリカ独立革命はヨーロッパの啓蒙思想を先取りするような形で行われ、「自由、平等、幸福の追求」を唱えた独立宣言が出され、そこに盛られた理念を保障するような憲法もつくられたからである。独立宣言を書いたジェファソンや「典型的アメリカ人」といわれるベンジャミン＝フランクリンをはじめ多くのアメリカ人が、封建的で頽廃《たいはい》したヨーロッパと比較してアメリカを、素朴・健全・純粋で、「自由、平等、幸福の追求」を実現できる国と考えたのである。

アメリカの統一を支えるこのような「アメリカ的信条」は、一八三〇年代になってアメリカ人大衆の間にデモクラシーの観念や制度が滲透《しんとう》していくにつれて、いっそう強くなっていった。これについては、三一年アメリカ各地を旅行して歩いたフランス人のトックヴィルが、有名な著書『アメリカにおけるデモクラシー』(二巻、一八三五、四〇)の中で、「自分たちの国はすばらしい」と考えるアメリカ人の愛国主義のしつっこさには閉口させられるものがある、と書いていることからも想像されるであろう。ちなみにこの三一年とは、当時二二歳のリンカンが父親から独立し、ニューセイラムに移った年である。

大事なことはちょうどこの頃、このアメリカ的信条がしだいに感情的、非理性的なものになっていったことであった。すなわちアメリカ独立革命の時代にジェファソンなどが抱いていたアメリカ観は、きわめて論理的、合理的で、アメリカは啓蒙思想の自然権思想を他に先がけて現実に制度化していったからこそすばらしい、という考えにもとづくものであったが、三〇年代になると、アメリカが「自由、平等、幸福の追求」のできる国となることは神によって運命づけられていたのだというロマンティックな、非合理な考えが強くなっていったのである。たとえばこの頃アメリカ独立革命の歴史を書き始めた歴史家ジョージ＝バンクロフトは、アメリカを独立に導いた力は、アメリカ人の心の中に宿った神の意志であったとしているのである。こういうロマンティックなアメリカ的信条は、ウィリアム＝チャニング牧師をはじめとするニューイングランド超絶主義者たちの、直観による神の意志の理解を重んずる考え方に影響されて、さらに宗教的、感情的なものになっていった。これはジェファソンの論理的、合理的なアメリカ観と、超絶主義の代表者エマーソンやソローの直観的、感情的なアメリカ観と比べてみるとよく判るであろう。リンカンのアメリカ観に宗教的なニュアンスが強いことはあとで触れる。

いずれにせよ、リンカンがイリノイの草原で若き弁護士・政治家として成長し始めていた頃、アメリカに強いナショナリズムの流れがあったことに注目しなければならない。

❖セクションの対立

ナショナリズムとからみ合って動いていたもう一つのアメリカの流れは、セクショナリズムであった。広大で多様性に富む領土を持ち、植民地時代から互いにかなり異なる経済的、社会的条件を備えた多くの州をかかえるアメリカで、独自性を主張する地域たるセクションが形成され、時にはそれがアメリカからの分離を主張することもあったとしても、むしろ当然のことであったろう。たとえばジェファソン大統領の時代には、ニューヨークの政治家アーロン＝バーがニューヨークとニューイングランドを合わせて連邦より独立させようと企てているし、その同じバーが、ミシシッピ川以西の土地をイギリスの保護の下に独立させようとしたこともあった。また一八一二年の対イギリス戦争の場合には、西方や北方への進出に邪魔となるイギリス勢力を駆逐するためにイギリスとの戦争を主張した西部や南部に反対して、ニューイングランド諸州の一部が連邦離脱を口にしたこともあった。

しかし、セクショナリズムでもっとも目立ったのは、南部のそれであり、南部と北部との対立の増大であった。

アメリカではじめから北部と南部がはっきり分れていたわけではない。植民地時代から建国の初期にかけては、北部の人々がはっきりと自分たちは北部人だと考えていたわけではないし、南部の人々が自分たちは南部人だと明瞭に自覚していたわけでもなかった。彼らはまず自分たちはマサチューセッツ人であるとか、ヴァージニア人であるとか考えていたのである。

ところが一八一二年の対イギリス戦争の頃からアメリカ国内の経済発展が進むと、アメリカの中にはそれぞれ独自の特徴を持つセクション、すなわち商工業・金融の盛んな北東部、穀物生産中心の西部、棉花や煙草《たばこ》などの栽培を主産業とする南部という、三つのセクションがしだいに姿を現わし、人々もそれを意識するようになったのであった。各セクションは、発展期のアメリカにとって重要な問題、すなわち国内交通改善、西部の自由土地処分、保護関税、国立銀行、あるいは奴隷制度の是非などの問題で、より独自の立場をとるようになった。かつてアメリカ全体のために活躍したサウスカロライナのジョン・C・カルフーンや、マサチューセッツのダニエル＝ウェブスターのような有力な政治家は、しだいにそれぞれ南部や北部の利害を代表して動く人となっていったのである。

セクションの対立を生んだ問題の中でとくに深刻であったのは関税と奴隷制度の問題である。国内市場の保護を切望する北部は高関税政策を希望し、農産物輸出にたよる南部は低関税政策を希望していた。一八二四、二八、三二年と続いた高率保護関税法に対し、三二年サウスカロライナ州がその無効を宣言し、そういう自州の態度に連邦政府が弾圧を加えるなら連邦から脱退する用意があると表明したのであった。この危機はケンタッキーのヘンリー＝クレイが出した南北妥協関税法によって一応収拾された。

❖奴隷論争

奴隷制度の是非をめぐる論争は、独立革命の時から始まっていた。一七八七年のアメリカ合衆国憲法は間接的に奴隷制度の存在を容認したが、これは「自由、平等、幸福の追求」を理想とするアメリカの汚点となったのである。独立後のアメリカでは、北部でも南部でも奴隷廃止論が唱えられ、奴隷制度は攻撃されることになった。もちろん奴隷制廃止論のもっとも強かったのは自由州のニューイングランドや中西部諸州であった。しかし、ニューイングランドや中西部でも、多くの人々が、奴隷制度には反対でも、白人と黒人が全く平等であるという考えには賛同せず、強い抵抗を示した。奴隷制廃止論者たちは、はじめ奴隷解放の問題を、北部・南部を問わずあらゆるアメリカ人

ヘンリー＝クレイ

の良心の問題であるとして運動していたが、棉花栽培を拡大する南部が奴隷制をも拡大していくにつれ、しだいに南部の奴隷制度、さらにはその奴隷制度を支持する南部社会や南部人に攻撃が向けられていったのである。この攻撃がとくに目立つようになったのは、アメリカ白人大衆の間にデモクラシーの基盤が拡がっていった一八三〇年代からであった。

ついでだが、リンカンのパートナーであったハーンドンは、強硬な奴隷制度廃止論者であり、はじめ保守的なホイッグ党に属して奴隷問題にはあまり関心を払わなかったリンカンを、盛んに廃止論に賛成させようと説得していたのである。

一方南部は、棉花栽培が拡大し、しかも北からの奴隷制度攻撃が強まるにつれて、奴隷制度擁護論を展開していった。しかしその議論は歪《ゆが》んだものが多かった。独立革命時代の南部の指導者ジェファソンらは奴隷制度の悪を認めていたし、関税問題に見られるように、独立後の南部の政治行動の基盤はあくまでも人間の自由、平等を唱える論理であったにもかかわらず、その同じ南部が急激に奴隷制度擁護論を展開しなければならなくなったからである。南部人は奴隷制度を必要悪とする考えから積極的善とする考えに至るまで、あらゆる理屈を引き出して使った。しかも北部からの攻撃が南部人、南部社会、南部文明にまで及ぶにつれて、ますます歪んだ南部擁護論を展開していった。南部の優れた貴族文化を維持するために、奴隷制度は絶対必要であるという議論はその最たるものである。こうして政治・経済・社会・文化のあらゆる面にかかわり合う南部擁護論は、しだいにはっきりした南部のナショナリズムをつくりあげるに至り、北との議論が激しくなればなるほど、外からの議論に耳を傾けぬ閉鎖社会をつくりあげていったのである。

南北の対立と妥協

❖ミズーリ協定

ところでこの奴隷問題はそれ自体ではもちろんアメリカ史上大変重要な問題であったが、これがきっかけでアメリカを二分する南北戦争とまでなったのは、一九世紀前半を通じてつねに奴隷問題がアメリカの西部拡大、とりわけ西部の土地を准州に組織したり、州として正式に連邦に加入させたりする問題と不可分にからみ合っていたからである。「明白なる運命」という意識の下にくり拡げられた西部への領土拡大の結果生まれる准州や州を、白由州にするか奴隷州にするかの問題は、そのまま南北対立の火に油を注ぐようなものであったからである。

このからみ合いがはじめてはっきりした形をとって現われたのは一八一九年である。この年ミズーリの住民が同地を奴隷州として連邦に加入させるよう要求した。当時アメリカの自由州と奴隷州の数はそれぞれ一一で、各州二名ずつを出す上院の勢力のバランスが保たれていたから、奴隷州としてのミズーリの連邦加入は南北のバランスを崩すことになるため南北対立がかき立てられたのである。この時はヘンリー＝クレイの活躍で、ミズーリを奴隷州として認めるかわりにマサチューセッツ州からメーンを分離して自由州とする、そして以後はミズーリの南境たる北緯三六度三〇分以北では永久に奴隷制を認めないという、いわゆる二〇年の「ミズーリ協定」によって南北対立は収まったのである。

奴隷制と西部への領土拡大とのかかわり合いがつぎに問題となったのは、メキシコ戦争によってアメリカが広大な新領土を獲得することになった時である。この時ウィルモットが、新しく獲得した領地では奴隷制は認めないという予算修正条項を提案し、当時連邦下院議員であったリンカンがこれに賛成投票したことは、すでに見た通りである。

❖「一八五〇年の妥協」

一八四九年、カリフォルニアが自由州としての連邦加入を希望した。当時の自由州と奴隷州の数はそれぞれ一五、カリフォルニアの加入は上院における南北勢力のバランスを崩す。しかもこの頃になると北部金融勢力の強大さは明らかになっていたし、人口増加における両地域の差は歴然となっていた。南部に危機感が拡がった。南部では、現在の南部支持勢力は南部民主党と北部民主党の力で上院における優位を保ってはいるが、これがいつまで保てるかは予測で

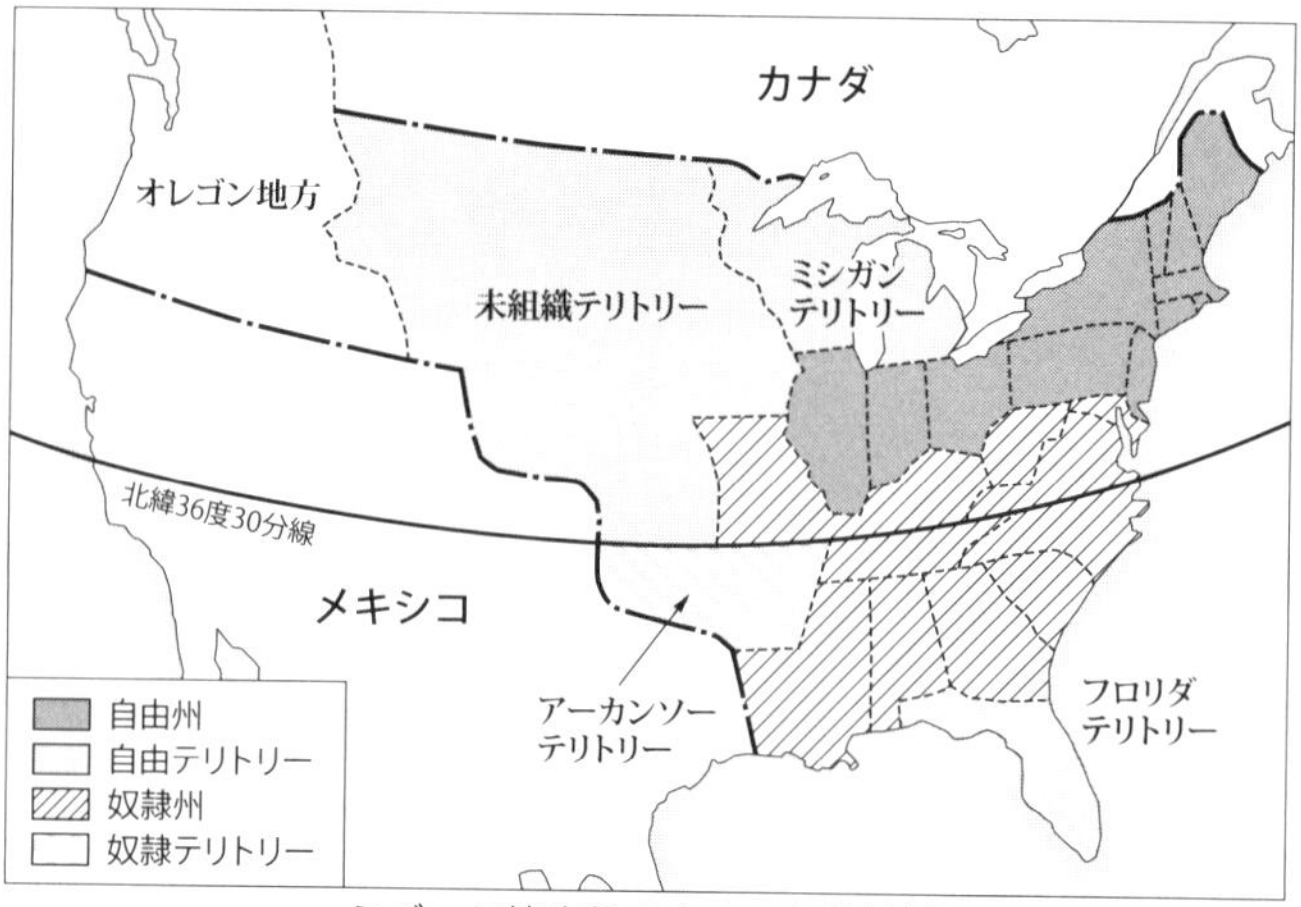

ミズーリ協定後の自由・奴隷地域

きないから、この際連邦から脱退し、奴隷制をはじめ南部の利益を保護する新国家を樹立した方がよい、という声も聞かれ始めたのである。

この危機を再び乗りこえる妥協案を出したのは、やはりヘンリー＝クレイであった。彼の提案により、連邦議会は激論の末いわゆる「一八五〇年の妥協」を成立させた。

この妥協で南部は北部に二つの譲歩をした。その一つは、ミズーリ協定の線がカリフォルニアの真中を走っているにもかかわらず、カリフォルニア全体を自由州として連邦に加入させること、第二はコロンビア地区での奴隷貿易を禁止することであった。一方北部は南部に三つの譲歩をした。メキシコから加えられた他の土地にユタ・ニューメキシコの二準州をつくり、この二準州が州に昇格する際に自由州とするか奴隷州となるかは住民の意志にまかせること、懸案のニューメキシコとテキサスの境界線問題を解決するとともに、独立時代からテキサスが持っていた借金を連邦政府が肩がわりすること、さらに逃亡奴隷取締法をいっそう厳重にすることの三つである。この最後のものは、逃亡した奴隷を連邦のどこでも連邦政府がとりおさえ、南部の奴隷所有者に返すことを義務づけたものである。当時スプリングフィールドの弁護士に戻っていたリンカンは、この歴史的な妥協にもあまり関心を払わなかった。

『アンクル-トムの小屋』の広告

「一八五〇年の妥協」は、しょせん南北対立の危機を一時的におさえたに過ぎないものであった。奴隷制度と西部准州をめぐる対立は、議会内の妥協では処理しきれないほど深刻になっていた。しかももうこの頃になると奴隷制をめぐる道徳問題がアメリカの教会や知識人グループを二分し、アメリカ全体を感情的な対立に巻き込んでしまったのである。

「一八五〇年の妥協」の翌年六月に、ハリエット＝ビーチャー＝ストウ夫人の『アンクル・トムの小屋』がワシントンの新聞「ナショナル・イーラ」紙上に連載され始め、五二年三月には一冊の本として出版された。奴隷家族の悲劇を描いたこの本ほど、南部に対する憎悪を広くひきおこしたものはなかった。一〇年後ストウ夫人がホワイト・ハウスでリンカンに会い、大統領からつぎのように挨拶を受けたことはあまりにも有名な話である。「あなたがこの大戦争をひきおこした本を書かれた小さい御婦人ですね」。

そのうえ、ちょうどこの時期には、アメリカの政治家は第二世代にあたり、ナショナリストとして連邦のため力を尽してきた政治家がつぎつぎと姿を消しつつあった。五二年六月には「偉大なる妥協者」、ケンタッキーのヘンリー＝クレイが七五歳で死に、それから四か月後の一〇月、マサチューセッツのダニエル＝ウェブスターが死んだ。

❖カンザス・ネブラスカ法とダグラス

「一八五〇年の妥協」によって一時的に押えられていたアメリカの危機を一挙に爆発させたのは、イリノイ政界におけるリンカンのライヴァルで、当時民主党連邦上院議員のダグラスが五四年提案し、議会の修正を経て成立された「カンザス・ネブラスカ法」であった。これは現在のカンザス・ネブラスカ・ノースダコタ・サウスダコタ・モンタナおよびコロラドとワイオミングの一部を含む広大な地域をカンザスとネブラスカの二つの准州に組織し、さらにこれら二つの地域に奴隷制度を認めるかどうかは、連邦の議会ではなく、その地域に住む住民の意志によって決める、というものであった。ダグラスの提案は彼の巧みな駆け引きによって上院を通過したが、下院では強い反対にあった。しかしアメリカ史上に残る三か月にわたる騒然たる審議を経て、民主党の団結によって法案は下院を通過し、五四年五月三〇日南部に同情的な大統領フランクリン゠ピアースの署名を得て成立したのであった。

このダグラスはヴァーモント生まれであるが、早くからイリノイに移り、リンカンと同じように弁護士として出発し、民主党にはいって州議会議員、州最高裁判所判事、ついで連邦下院議員を経て四七年連邦上院議員となり、六一年まで上院で民主党の指導者として活躍した。民主党員であったが、個人的には奴隷制に反対し、北部・南部双方の過激論には批判的なナショナリストであった。

背の低い、太った、精悍《せいかん》な、しかも野心的な、「小さな巨人」と呼ばれたダグラスは、リンカンの政治的ライヴァルとして成長し、後にリンカン・ダグラス論争の相手役として活躍するため、しばしば南北戦争前のアメリカ政治史上の悪役として描かれる。しかしダグラスはそんな人物ではなかった。彼は個人的な感情で政治行動を左右されるような人ではなかったらしい。後に南北分裂の危機が訪れると、彼は自分を破って大統領となったリンカンを支持し、連邦維持のために最後の活躍をしたのである。

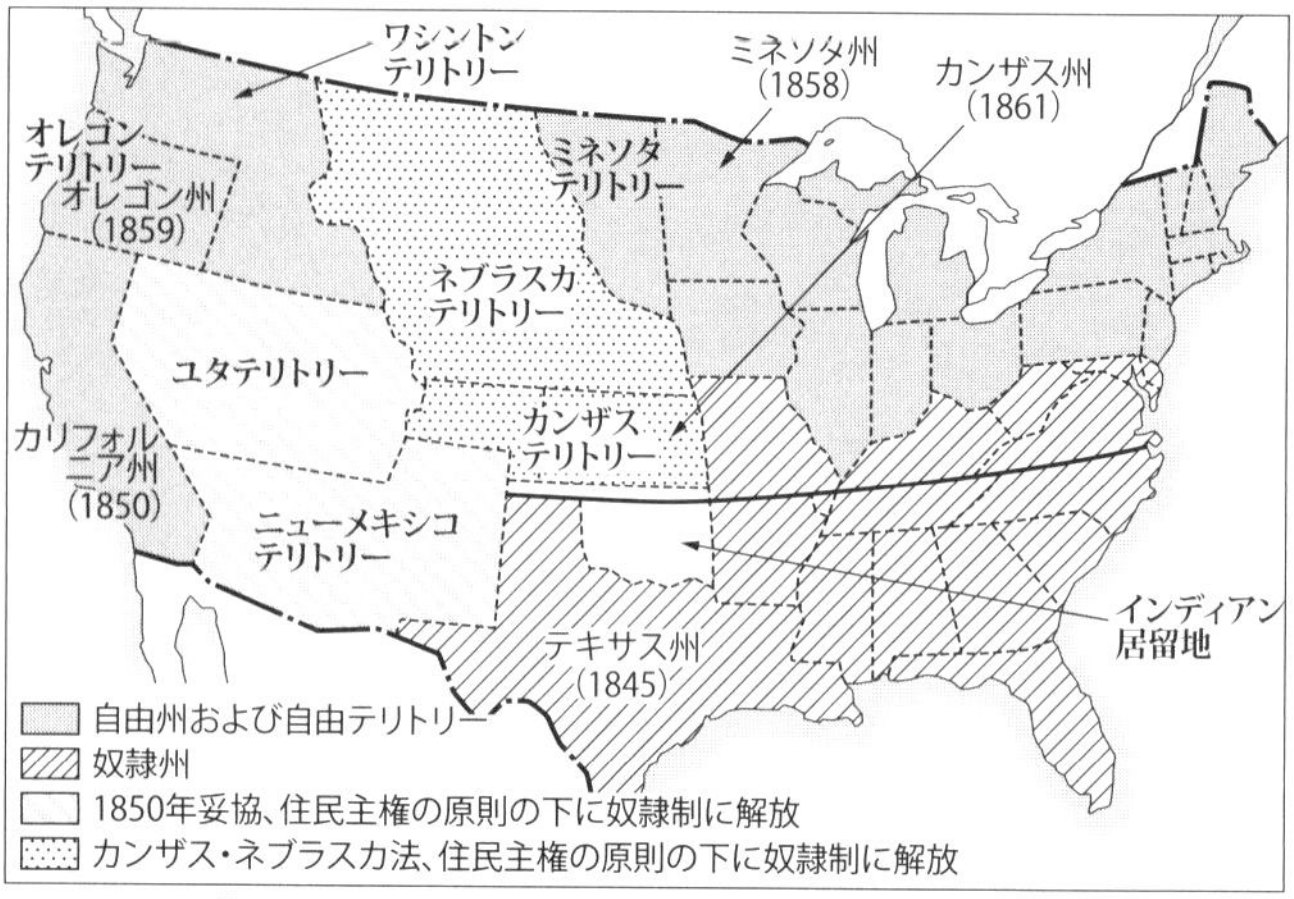

「1850年の妥協」とカンザス・ネブラスカ法

ダグラスは雄大なアメリカの未来像を抱いていた。ミシシッピ川以西の地方に、シカゴ・セントルイス・ソルトレイク・サンフランシスコとのびる大陸横断鉄道を建設し、それによって大西部を開発・文明化して、アメリカの重要部分に押し上げようというのである。そしてこれを実現する過程で大統領となる道も開けると考えたのであろう。大陸横断鉄道を建設するためには、西部の発展を妨害するインディアンを排除し、ミシシッピ川以西の土地を政治的に組織する必要があった。彼は当時上院の領地委員長であったから、強引な駆け引きによっても彼の考えを法律化しようとしたのである。

　カンザス・ネブラスカ法案には将来のアメリカを左右する決定的な問題が含まれていた。ダグラスの頭の中にあった大陸横断鉄道は、いわゆる中央路線と呼ばれるものであるが、南部はもっと南を走る線を希望していた。この南部の支持を得るため、彼は地理的には自由州になりやすいネブラスカ、奴隷州になりやすいカンザスの二つの准州を組織し、この二つの准州における奴隷制については、その地域に住む住民の意志にまかせるという、「住民主権」の原理を適用したのである。大事なことは、この「住民主権」の考え方は、明らかに奴隷制度の三六度三〇分以北への拡大を禁じたミズーリ協定の廃棄につながり、それが南部の奴隷制支持者には願ってもないことであったことである。

ダグラスの主張した「住民主権」という考え方は、ニューイングランドのタウン-ミーティング、西部開拓地の自治組織、俗にいう早い者優先主義などに見られるように、アメリカ人の考え方としてはごく当然のものであったといえる。現に「一八五〇年の妥協」の際にも、ニューメキシコやユタについてもすでに用いられていたのである。

ダグラスにとって不幸であったのは、その頃奴隷制への反対、憎悪が急激に増幅していたことである。一八五二年の『アンクル-トムの小屋』についてはすでに触れた。急進的奴隷制即時廃止論者の動きが活発となった。そのうえ南部が南部以外の土地にも奴隷制を拡大しようとしているという恐怖が高まった。五四年一〇月イギリス・フランス・スペイン駐在のアメリカ大使がスペインに対しキューバの割譲、さもなければ力によるその獲得を主張したいわゆる「オステンド宣言」は、まさにそれを裏書きするものであった。「住民主権」というきわめてアメリカ的なダグラスの考え方は、ミズーリ協定の廃棄、すなわち奴隷制拡大という恐怖の前に打ちくだかれてしまったのである。

　ダグラスは南部では人気を得たが、北部では激怒、罵倒《ばとう》の対象となった。新聞は彼を攻撃し、牧師は彼を悪魔の化身と呼んだ。多くの町で彼をかたどった人形が焼かれた。自分の選挙区のシカゴでさえ、事情を説明しようとするダグラスに向かって群衆が二時間にわたって騒ぎ、彼はついに演説をあきらめざるをえなかったのである。

リンカンのアメリカ

❖アメリカの象徴、イリノイ州

カンザス・ネブラスカ法をめぐる騒ぎは、ここに至ってアメリカがもはや奴隷問題を避けて通ることはできないこと、アメリカ人の多くが、とくに北部人の多くがそれをはっきりと認識したことを示していた。リンカンもそういう一人であった。彼は自分が今まであまり真剣に考えなかった奴隷制度が、アメリカのかかえ込んでいる諸問題のまさに焦点であることを理解したのであった。彼はまるで夢からさめたように、政治問題に取り組み始め、アメリカの歴史や奴隷問題を研究した。政治的野心をかき立てられた彼は、ホイッグ党のリチャード＝イエイツの連邦下院議員再選のために闘った。そしてチャンスが来るのを待ったのである。

アメリカの政治史を見る時、全国的な問題が一つの州に集約的に現われて議論され、その結果、とりわけ選挙の結果が全国民から注目されることがよくある。この時イリノイ州はまさにそのようなケースであった。

当時のイリノイはアメリカの重要州であったのである。ニューヨークからハドソン川、エリー運河、五大湖を経て中西部平原へという移民のルートのために、イリノイの人口は急速に増加し、一八五〇年からの一〇年間に二倍にふえ、六〇年にはニューヨーク、ペンシルヴェニア、インディアナに次いで第四位の一七一万になった。イリノイはとうもろこし・小麦を中心にした穀物生産で全国第一位、それに加えてシカゴを中心に工業化がめざましく、当時の産業発展のシンボルたる鉄道は非常なスピードで建設されていた。弁護士であったリンカンとダグラスが扱った裁判事件には、鉄道関係のものも多かった。そのうえこの州の北部が積極的で改革の気風が強いのに対し、南へのびる州南部地方は、南部の影響を受けて南部的保守性が強く、この点でもイリノイは当時のアメリカを象徴するような州であったのである。

このようなアメリカ社会の縮図ともいえる州で、しかも全国民注目の人ダグラスを相手とし、そしてこれもまたアメリカのかかえる諸問題のシンボルたる奴隷問題を中心に闘っていけたところに、リンカンがイリノイの政治家から大統領に至る道が開けていたのである。

❖ピオリア演説

チャンスは早くも来た。リンカンは一八五四年の州下院議員選挙に立候補した。一〇月三日ダグラスがスプリングフィールドでカンザス・ネブラスカ法や自分の考えを説明する演説をすると、翌日リンカンは州議事堂の下院ホールで大演説をした。さらにダグラスが一六日にピオリアの町で演説すると、その日の夕方これに答えて演説した。この二つの演説、とりわけピオリアのものは、ダグラスに対するリンカンの攻撃能力を証明し、彼の名前をイリノイ州以外の人々にも知らせた質量ともに偉大な演説であった。

この演説は慎重に準備されたものであった。この演説やその時の質疑応答を今日読む時、我々はこの演説が、その後彼が大統領となるまでに行った数々の演説、あるいは大統領になってからの彼の国家政策の序説のようなものであることに気がつくのである。

リンカンはこの演説で、まず最初にアメリカが奴隷制度拡大の問題をいかに処理してきたかを歴史的に説明したあと、カンザス・ネブラスカ法が奴隷制度の拡大を禁じたミズーリ協定を破ったことを非難した。奴隷制は悪である。リンカンの言葉を借りれば、彼が奴隷制の拡大を憎むのは、「奴隷制が共和国のモデルたるわが国から世界におけるその正しい影響力を奪い……自由の真の味方に我々の誠実さを疑わせることになるからであり、とくにそれが、我々の間にいる多くの真に善良な人々を……市民的自由の根本原則そのものに対する公然たる戦争にひきずり込むからである」。

リンカンは奴隷制度を憎んだが、けっして急進的な奴隷制度即時廃止論者ではなかった。奴隷解放の方法については、彼がこの演説でむしろ慎重な考え方を述べていることに注意したい。「南部の人々が我々に向かって、奴隷制度の起源については我々以上に責任があるわけではないというなら、私はそれを認める。その制度は現存しているのであって、満足のいくようにそれを廃止することはきわめて困難であるというなら、私はその言葉を了解し、認めることができる。私は、私自身でもどうしてよいか判らぬことを彼らがしないからといって、彼らを責めるつもりはない。たとえ私にこの世のすべての権力が与えられても、私は現在の制度をどうしてよいか判らない。……私には漸進的解放をするのがよいように思われる」。

この言葉は、大統領になってからのリンカンの、奴隷解放に関する考え方を示唆するものであった。

もう一つ大事な点は、この時リンカンが表明した連邦についての考え方である。彼はつぎのような質問を受けた。カンザス・ネブラスカ法は南部を満足させて連邦を救おうとする法律ではないのか。あなたは奴隷制を認めて連邦を救うよりも、准州から奴隷制を締め出して連邦を破壊する方を選ぶのか。奴隷制の拡張か、それとも連邦の破壊か、あなたはどちらを選ぶのか。というものであった。これに対するリンカンの答えはつぎのようなものであった。

私は奴隷制度を大いに憎んでいるが、連邦の崩壊を見るくらいなら、奴隷制度の拡張に同意する方がましだ。ちょうどそれは、もっと大きな悪を避けるため、どれか小さな悪に同意するようなものである。

これはリンカンの思想を考えるうえで忘れてはならない言葉である。後で見るように、彼の思想の中でもっとも重要なものは、アメリカの連邦を救うことであった。

リンカンは、奴隷制度の悪を憎むが、奴隷解放の方法には慎重な現実主義者であり、同時に何にもまして連邦維持を説くナショナリストであったのである。

❖ 共和党へ参加

ところでリンカンは一八五四年の州下院議院選挙で当選したが、これを辞退してしまった。彼には連邦上院議員になりたい野心があったし、その望みに可能性もでてきたからである。また、当時のイリノイでは、州議会議員は連邦上院議員になることはできなかったからである。

その間アメリカの政治は急速に変化を見せつつあった。カンザス・ネブラスカ法で国中が騒然となっている六月三日、ミシガン州ジャクソンで、奴隷制廃止論者、ホイッグ党員で党の保守性に不満な者、民主党員で奴隷制に批判的な者など、反奴隷勢力を結集して共和党が結成されたのである。イリノイ州では一〇月五日、スプリングフィールドでこの新党の集会が開かれた。これはスプリングフィールドでリンカンが演説したその翌日である。この会の主催者たちはホイッグ党の有力者リンカンを参加させようとしたが、彼は集会当日裁判事件があるといってわざと町を離れて集会を避けた。急進的な奴隷制廃止論の強い共和党に身を投ずる気はまだ彼にはなかったのである。

連邦上院議員の選出は五五年二月八日州下院で行われた。当時イリノイ州では連邦上院議員は直接人民による選挙ではなく、州議員が選出することになっていた。友人その他を使って運動を続けていたリンカンは、四人の候補者のうち第一回投票で第一位、過半数に五票足りないだけであったが、投票を繰り返すうちに票は減り、結局反カンザス・ネブラスカ法の民主党員ソーマン＝トランブルに敗れた。この敗因は彼がいぜんホイッグ党員であったからだといわれている。それまでトランブル夫人と親しかったリンカン夫人は、夫の敗北に怒ってそれ以後トランブル夫人と口をきかなくなったという。

リンカンがホイッグ党に執着している間に、奴隷制や南北対立をめぐる大事件が続発した。「住民主権」の認められた問題のネブラスカには、北部から反奴隷派の移民がニューイングランドの奴隷制反対協会などに援助されてはいり込み、ミズーリからは奴隷制度支持者がはいってきていた。そして両グループがそれぞれ別個に政府を樹立する結果となり、カンザスは内乱状態となった。五六年五月二一日約七五〇人の奴隷制支持者がミズーリからカンザスのローレンスになだれ込み、反奴隷派の新聞社やほかの建物を破壊して引きあげた。その三日後、狂信的な奴隷制廃止論者ジョン＝ブラウンは息子たちとともにカンザスのポタワトミーで奴隷支持

カンザス騒動の時準備された大砲

派五人を殺害した。有名な「ポタワトミーの虐殺」がこれである。「流血のカンザス」という言葉が全国に流れ出していった。

同じ頃、カンザスの騒乱がもとになって、連邦上院議場で暴力事件が起こった。五月一九日、マサチューセッツ選出で奴隷制廃止論者チャールズ＝サムナーが、「カンザスに対する犯罪」と題する演説の中で欠席中のサウスカロライナ選出のバトラー議員を個人的に攻撃した。五月二二日、バトラーの親類で下院議員のプレストン＝ブルックスが上院議場にはいってきて、自席にいたサムナーを杖でなぐりつけて気絶させ、重傷を負わせたのである。今や南北対立は議会での対立事件となり、これ以後武装して議場にはいる議員も出たのである。

時をあけずに起こったこれらの事件は、アメリカ全体を激情の渦に投げ込んでしまった。南部はブラウンの行動を恐怖をもって眺めるとともに、ブルックスを英雄と讃え、各地から杖が贈られた。一方北部はローレンスの破壊に激怒し、ブルックスの行動を南部暴力主義の証明として非難した。

北部世論の激しい動きの中にあって、リンカンは政治的立場をもっと明確にする必要に迫られた。彼がホイッグ党に見切りをつけ、共和党参加に踏み切ったのはこの時である。五六年五月二四日共和党郡大会がスプリングフィールドで開かれ、州大会への代表を選んだ時、ハーンドンが本人には無断でリンカンを代表の一人として推薦した。リンカンの保守的な友人たちがこれに抗議すると、ハーンドンはリンカンに電報でこれを説明した結果、リンカンも了承し、州大会代表に選出されたのである。

❖「失われた演説」

リンカンのホイッグ党から共和党への転出は大変慎重なものであったが、共和党参加へ踏み切ったリンカンの中には、驚くような決意がみなぎっていたようである。州大会は五月二九日ブルーミントンで開かれた。奴隷制度反対を共通点としてさまざまな人々の集まったこの会では、リンカンの役割は重要であった。ホイッグ党の有力者として中庸の立場をとってきた彼は、新党内の誰をも敵とせず、党の結束を固めるという役割を果たすことができたからである。

リンカンはこの大会ですばらしい演説をした。ある歴史家は、それまでのリンカンの演説の中では一番偉大なものだったといっている。彼はカンザスの状況を非難し、ミズーリ協定の復活を訴え、最後に連邦維持の絶対必要なことを説いた。この演説は、原稿も記録もないので正確な言葉は判らないが、出席者の記憶ではつぎのように激しい言葉を使ったという。「たとえ何ごとが起ころうと、私たちの方で連邦を脱退することは絶対にない。そのかわり南部の分裂主義者諸君も絶対連邦を出ていくことは許されない」。

リンカンのこの演説の記録が残らず、「失われた演説」といわれている理由はいろいろ説明されているが、この演説に感激した記者たちがリンカンの言葉を記録するのを忘れてしまったとか、即席で話したリンカンが、内容が将来自分に不利になる場合を考え、新聞記者に印刷しないよう頼んだのだともいわれている。

共和党の全国大会は六月一九日フィラデルフィアで開催され、五六年大統領選挙の候補にジョン・C・フレモントが指名された。副大統領候補にはリンカンの名前もあがり、彼は第一回投票で一一〇票を得たが、結局ニュージャージーの連邦上院議員ウィリアム＝デイトンが選出された。リンカンは自党候補のためイリノイ州で五〇回以上も演説して廻った。しかし当選したのは一般投票で一八三万票、投票人一七四人を獲得した民主党のジェイムズ＝ブキャナンであった。フレモントの得票は一三四万、獲得した投票人は一一四人であった。

この選挙戦で目立ったのは、リンカンが州大会での演説に引き続き、連邦維持についてはきわめて激烈な表現をしたということである。七月二三日ガリーナで、彼は民主党の分裂主義者に向かってこういった。

君たちや我々が何といおうと、連邦が分裂するようなことは断じてある筈がない。我々は分裂しようとは欲しないし、もし君たちが分裂しようとしても、我々がそうはさせないからである。国家の財布も剣も我々が握り、陸軍も海軍も軍需倉庫も我々が掌中に収めている。我々の指揮下にあるならば、君たちはそうできないからである。……我々は断じて連邦を崩壊させせない。君たちにも断じてそうはさせない。

リンカンのこの言葉はまことに激烈であった。もちろん当時南部には連邦脱退を主張する者もあったが、このリンカンの言葉は、いわば南部諸州が脱退を決意するぎりぎり直前であったならそれにふさわしい言葉であったかもしれない。しかしまだそこまでにはいっていなかった。しかもリンカンは、国家権力・武力をもって脱退をおさえるという重大なことを、仮定の問題として話しかけている。これはむしろ挑発的な表現ともいえよう。

この激しい選挙応援演説を繰り返していた時のリンカンの奴隷解放の方法などについての考えは、曖昧《あいまい》で保守的であった。彼の思想や政策の中でもっとも強かったのは、アメリカの連邦を分裂させてはならぬということであった。彼が当時のアメリカが生んだもっとも強烈な連邦維持論者、ナショナリストであることはやがてもっとはっきりしてくるが、ここで彼がなぜそれほど強烈な連邦維持論者であったかを、あらためて検討してみよう。

❖「自由、平等の国」

リンカンの連邦維持論を支えていたのは、アメリカの政治組織や社会は他に類のないすばらしいユニークな．しかも成功しつつある実験であり、この実験を中止したり、破壊したりすることはできない、という考えであった。そのユニークさとは、独立宣言に表明されているように、アメリカは「自由、平等、幸福の追求」の可能な国であるということである。リンカンは大統領になる前にも、大統領となった後でも、いかにアメリカが他に類のない自由で平等で開かれた土地であるかを何回も説明している。その中でも有名なのは、労働と資本との関係を例にとった彼の説明である。少し時はずれるが六一年一二月二日の年次教書で、大統領のリンカンはこういっている。

私は、雇われ労働者で生涯その状態に安住しているものが必ずいるということを信じない。アメリカの州のどこにもいる多くの独立した人々は、数年前をふりかえってみるとやはり雇われ労働者であった。一文なしで世に出た質素な若者は、しばらくの間は賃金のために労働し、その余りを貯蓄して道具や土地を買う。ついでまたしばらくの間ひとりで働き、ついには若者を雇うまでになる。これは正当で、寛大で、具合のよい制度であり、その道はすべての人に開かれているのであって、すべての人に希望を、そしてすべての人につぎのエネルギーと進歩と状況の改善をもたらすのである。

リンカンは、アメリカがどんな人間でもなりたいものになれる可能性のある国だということを、自分をひきあいに出しで説明したこともある。「私は一時的にこの大きなホワイト・ハウスに住むようになったに過ぎない。諸君の子供たちは、私が子供の時にそうしたように、ここに来たいと願うことができる。私はそれを証明することのできる生きた証人である」と。

国民共通の人種・言語、共通の文化的伝統、外国の脅威、歴史的な領土など、一般にナショナリズムを支えると考えられる要因に欠けていたアメリカで、ことさら「自由、平等の国」という観念が強調されたことはすでに述べたが、リンカンの連邦維持を中心とするナショナリズムの中でも、この類のない自由の国という「アメリカ的信条」が何よりも優先していたのである。

❖アメリカは一つ

リンカンのナショナリズムを支えたもう一つの基盤は、経済的にも地理的にもアメリカは一国家でまとまる以外にない、という考え方であった。ケンタッキーの政治家でナショナリストのヘンリー＝クレイが主張した国立銀行、保護関税、国内交通の改善、自由な農民のための土地配分などの政策に、リンカンは賛成であった。しかし彼がもっとも強調したのは、アメリカは今の領土が分裂しては成り立たないということであった。彼は第一次大統領就任演説や一八六二年の議会教書の中で繰り返しこれを強調している。「物理的に我々は分かれることはできない」。「合衆国の領土は一つの国家のために都合よくできているが、二つ、あるいはそれ以上の国家のためにはよくない」。「その巨大な拡がり、生産物の多様性は、こういう時代には一つの民族に有利である」。ケンタッキーに生まれ、インディアナ・イリノイで成長したリンカンには、アメリカの中央部はことさら重要に見えた。アレゲニー山脈とロッキー山脈に挟《はさ》まれ、とうもろこしと棉の文化が触れあう線よりも北の部分は、共和国の中心であり、その他の部分はすべてこの地域の付属物である。莫大な人口や資源、生産物を持つこの地域は、世界でももっとも重要な地域だが、海岸がない。連邦が分裂した場合には、ヨーロッパ、南アメリカ、アフリカ、アジアとの貿易は断ち切られてしまうとリンカンはいうのである。

これはいかにも中西部のナショナリストらしい発想である。こう考える時リンカンの頭の中には、かつて青年時代に平底船を操ってミシシッピ川をニューオーリンズまで荷物を運んだことが思い出されたのかもしれない。

リンカンの連邦維持論やナショナリズムは、大統領になった頃からしだいに宗教的色彩を帯び、彼がアメリカの将来を語る時にはつねに神を語るようになるのは周知のことであり、また本書でも後で触れる通りである。その考えは、アメリカは神の意志の下に動いているとする超絶主義者たちの「アメリカ的信条」にまさに似ている。ハーンドンが超絶主義者たちの影響を強く受けていたこと、リンカンが大統領となる前、そして大統領になった後も、ウィリアム＝チャニングと顔を合わせる機会を持ったことは確かである。しかし彼がどれだけの影響を直接超絶主義から受けたかは確かでない。

❖南部に反逆の権利なし

ところでリンカンの強烈なナショナリズムを考える時、我々は当然、一八三〇年代から自からの独自性を主張し、ついには連邦からの離脱、そして独立を考えるに至る南部のナショナリズムについての彼の考え方に目が向く。リンカンは人民の革命権を認め、それからおこる新国家の誕生ということもはっきり認めていたが、南部独自のナショナリズムを認めようとはしなかった。アメリカ南部において地理的、社会的、文化的、政治的に独自な意識の発展があったことは否定できないが、リンカンはその存在を認めようとはしなかったのである。

リンカンはそれをつぎのように説明する。まず第一に、アメリカの連邦は各州の同意により成立したもので、南部分離主義者たち、あるいは北部の一部の分離主義者たちが主張したように、州が連邦に移譲した権限を連邦政府が逸脱する時には、州は連邦を離脱することができると考えるのは基本的に間違っている。リンカンにいわせれば、アメリカの連邦が成立したのは一七七六年独立宣言の時であって、連邦憲法よりも古い。それゆえ連邦憲法を理論的根拠にして連邦を破壊するのは間違っているとしたのである。第二に、人民が革命権を行使できるのは、独立宣言で主張している人間の自由をより完全なものにできる時である。奴隷制度を維持し、拡大しようとする南部には現在の連邦政府に反逆をおこす権利はないとしたのである。

リンカンは南部ナショナリズムの存在を否定し、南部の連邦脱退、新国家の成立を武力で抑えようとした。これが南北戦争である。その結果南北合計六二万という恐るべき人命が失われたこと、南部の広大な土地が焦土と化したこと、さらに後でも触れるように、リンカンの奴隷解放の方法がかなり保守的であったことなど考え合わせると、彼が南部に対してとった強硬な態度が果たして正しかったかどうか、ほかに取るべき道がなかったか、南部の独立を放置したらどうだったか、などという疑問がつぎつぎにわいてくるのである。この難しい問題をリンカンがどう考えたか、これについては後にゆずることにしよう。

Ⅳ 大統領への道

騒乱の奴隷問題

❖ブキャナン大統領

一八五六年に大統領に当選したブキャナンに対しては、後世の歴史家の評価は大変厳しい。彼は無為無策の無能大統領で、南北対立という危機の解決を次期大統領リンカンにまかせてしまったのだとか、彼は南部奴隷制への同情者で、奴隷制擁護の陰謀家であったとかいう評価が与えられているのである。

たしかにブキャナンが老齢で、危機に当たっての指導力に欠けていたことは事実である。大統領に当選したばかりの彼は、うっかり、再選を望んでいないともらし、保守党内での指導者としての影響力をすっかりなくしてしまったのであった。

彼が南部奴隷制の同情者と考えられる最大の原因は、彼が駐英アメリカ大使であった時、ヨーロッパ駐在の他のアメリカ大使とともに発した「オステンド宣言」であった。必要とあればアメリカは力でキューバをもぎ取るべきだといったあの宣言である。しかしここには多少の誤解もからんでいる。実際にはブキャナンが考えたのは、できればキューバを購入したいということで、彼が力でキューバをもぎ取るという表現を使ったのは、大統領ピアースの指令にしぶしぶ従ってのことであった。

偉人の前に存在した人物は偉人のかげになって不当に低く評価されることが多いが、リンカンの前任者ブキャナンについても同じことがいえる。彼を無策の無能大統領とするのは少々厳しすぎる評価である。彼は北部のペンシルヴェニア州出身で、保守派ではあったが、奴隷制度反対のナショナリストであった。彼は南北対立から連邦を救う唯一の道は南北の妥協であると考え、そのための努力をした。奴隷問題の煽動《せんどう》を極力抑えようとしたのも彼である。

しかし時の流れはあまりにも彼には激しすぎた。四年間の在任中、彼はアメリカの分裂を何とか回避できたが、南北対立の激化を止めることはできなかった。

❖ドレッド＝スコット事件

ブキャナンが大統領就任後すぐ起こった事件は、連邦最高裁判所による「ドレッド＝スコット事件」の判決である。

ドレッド＝スコットはセントルイスのエマーソンという医師の黒人奴隷であったが、主人に

ドレッド=スコット

連れられて自由州のイリノイ、さらにミズーリ協定によって奴隷制の禁じられている地域内にあるウィスコンシン准州に住んだ。一八四六年エマーソンの死後、スコットは未亡人に自由な身分を買い取りたいと申し出て拒絶されると、自分は自由州および奴隷制を禁じられている准州に住んだ以上自由の身であると主張して、エマーソン未亡人に対して訴訟をおこしたのであった。五三年、エマーソン未亡人が再婚し、彼女の財産管理権がエマーソン医師の指定したジョン＝サンフォードに移ると、サンフォードがニューヨーク市民であったため、事件は連邦裁判所に移り、しだいに政治的色彩を帯びることになった。この事件の判決は西方領地における奴隷制の問題に決着をつけると考えられたからである。

判決は五七年三月六日に下された。その内容は奴隷制支持派に有利であった。スコットは黒人である、もともと合衆国憲法は黒人を市民とは認めていないからスコットは市民ではなく、裁判所に提訴する権利を持たない、というのである。判決はここで終わって当然であったが、最高裁判所長官ロージャー＝トーニーはこれにつけ加え、ミズーリ協定を論じてつぎのように結論したのであった。合衆国憲法修正第五条は「正当なる法の手続きなくして」財産を侵すことを禁じている。奴隷は財産である。准州の奴隷制について議会がなしうることは財産所有者の権利を守ることであるゆえ、北緯三六度三〇分以北の地で奴隷制を禁じたミズーリ協定は違憲であり、無効である。

南部はこの判決を大歓迎した。しかし北部人、とりわけ共和党支持者はこの判決に憤激した。彼らから見ればこれは南部奴隷勢力の陰謀の頂点であった。「一八五〇年の妥協」では北部は平和を守るため逃亡奴隷法を、五四年にはカンザス・ネブラスカ法を認めた。五六年には北部人でありながら南部奴隷制に同情的な民主党大統領が出現した。連邦上院も南部人の支配下にある。今や連邦司法部も完全に南部に抑えられていることがはっきりした。彼らはそう感じたのである。

北部でも急進的な奴隷制度廃止論者たちが、奴隷制度の病毒から離れるため北部の連邦脱退を主張していたが、その声も急に高くなった。

このような情勢の中で、六月一二日ダグラスがイリノイの下院議場で演説をした。この判決とカンザスの問題について話すよう求められたのである。当時南部では連邦議会が個人財産たる奴隷に手をつけられぬ以上、准州議会も奴隷制を左右できないから、ダグラスの「住民主権」も否定された、という解釈も出ていたのであった。この演説でダグラスは判決を支持すると同時に、「住民主権」をも讃美した。すなわち市民たるものは最高裁判所の決定には当然従うべきである。しかしこの判決は連邦議会が准州の奴隷問題に干渉することを禁じただけであって、准州の住民は自らの手で奴隷州にするか自由州にするかを決定できる、と述べたのである。ついで彼は、共和党の政策を人種平等政策として攻撃し、もし黒人が白人と平等なら、黒人は投票でき、官職を保有でき、白人と結婚できることになる。イリノイ州民はそこまで支持するのだろうか、といったのである。

聴衆の中に混ってダグラスの演説を聴いていたリンカンは、一週間後の六月二六日同じ会場で反論演説をした。聴衆の数はずっと少なかった。彼はドレッド＝スコット事件の判決を非難し、最高裁判所が将来この判決をくつがえすよう自分は努力するといった。ダグラスの共和党人種政策攻撃については、黒人の女が奴隷であることを希望しないからといっても、それが黒人の女を妻にすることにはつながらないと反論し、白人と黒人との関係でもっともよい方法は両人種を分離することであり、そのためには現在以上に奴隷制度を拡大させてはならない。できれば黒人を海外に植民させることが最善の策であろう、と述べたのであった。

リンカンのこの演説は、後のリンカンの奴隷問題、白人と黒人との関係についての思想を示唆する興味あるものであったが、あまり人々の注目をひかなかった。それは、リンカンが演説する前にカンザスの騒乱状態がアメリカ国民の目の前に大きくクローズ＝アップされたからである。

❖カンザスの騒乱

カンザスでは、「住民主権」のルールの下で自派を優勢にしようと、南からの奴隷制賛成派と北からの奴隷制反対派が内乱状態をかもし出していた。前者のグループの中心がルコンプトン、後者のグループの中心がトペカである。カンザス・ネブラスカ法によれば、州憲法を採択する際に奴隷制賛成か反対かを投票することになっていた。大統領ブキャナンは奴隷制反対のロバート＝ウォーカーをカンザス准州知事に任命し、州憲法制定大会への代表の選挙を厳正に行うよう指示した。

一八五七年六月一五日、つまりリンカンの演説の一一日前、この代議員選挙が行われた。奴隷制反対派が、これをボイコットしたので、一〇月一九日、奴隷制支持者を主体とする憲法制定会議が開かれ、奴隷制を認める憲法が起草された。一二月二一日、この「奴隷制つき憲法」についての住民投票が行われたが、奴隷制反対派が再び投票をボイコットし、憲法は六二二六対五六七で「批准された」。ところがこれよりさき一〇月五日には州議会選挙があり、議会は奴隷反対派が支配するところとなっていた。議会は憲法批准投票をもう一度行うことに決め、これを奴隷賛成派がボイコット、結果は一万二二六対一六二で批准否決となったのである。

カンザスの自由州としての連邦加入を希望していたブキャナンは、規定通りに行われた憲法制定会議や批准選挙を無効とすることはできず、さりとて、選挙民の大多数が「奴隷制つき憲法」に反対したという現実を無視することもできなかった。彼は結局連邦議会に対し、「ルコンプトン憲法」を支持して、カンザスを奴隷州として加入させ、その後別の新憲法をカンザス州民に作らせるよう提案したのであった。「ルコンプトン憲法」を認めたことに怒ったウォーカー知事は辞職した。カンザスを州として認める法案は連邦上院を通過したが、下院では反対が多かった。結局「ルコンプトン憲法」を再びカンザスの住民投票にかける妥協案が成立し、五八年八月二日その住民投票が行われた。その結果、一万一三〇〇対一七八八の大差で憲法は否決された。カンザスは、その後南北戦争の直前の六一年一月、自由州として連邦に加入することになる。

ブキャナンの「ルコンプトン憲法」支持の態度に、共和党員はもちろん、民主党の一部も激怒した。ダグラスもその一人であった。カンザスの騒乱ぶりでは「住民主権」のルールが守られそうもないと失望していた彼は、「ルコンプトン憲法」支持という明らかに准州住民の意志を無視した大統領にひどく怒った。五七年一一月ダグラスはワシントンへ行ってブキャナンに会い、「住民主権」の原則が大変なペテンのために使われていると抗議したが、ブキャナンは「ルコンプトン憲法」は合法だと答えた。怒ったダグラスはここでブキャナンと喧嘩別れとなった。

ダグラスが「住民主権」の立場から奴隷制度支持の「ルコンプトン憲法」に反対し、大統領と訣別したことは、アメリカ政治の将来に重大な影響を与えた。これは明らかに全国政党たる民主党の分裂の前兆であった。南部の民主党はもちろんダグラスの態度に憤激した。しかし民主党員の中にはダグラスの態度に賛同する者も多かった。イリノイ州もそうであった。多くの政治的危険を冒して彼があえて「ルコンプトン憲法」反対に踏み切ったのは、つぎの連邦上院議員選挙を考えてのことであったかもしれない。

六〇年にリンカンが大統領に当選したのは民主党の分裂のおかげであり、その民主党の分裂は例の「リンカン・ダグラス論争」の結果とされているが、実はすでにもうこの時に民主党分裂の傷口は大きく開いていたのである。

「住民主権」対「封じ込め政策」

❖「分かれ争う家」

民主党が分裂の道を歩き始めたことから、アメリカの政界は混迷の様子を見せ始めた。その典型であるイリノイ州では、一八五八年の連邦上院議員選出の時期が近づくにつれてそれがますますはっきりしてきた。同州民主党がダグラス派とブキャナン派に分かれたからである。これは共和党にとって絶好のチャンスであった。その共和党ではリンカンが有力者であった。しかし今や「ルコンプトン憲法」に反対し、南部民主党から嫌われているダグラスを自分たちの陣営に引き込もうと考える共和党員もいた。共和党員の新聞「ニューヨーク・トリビューン」の編集長グリーリーは、イリノイの上院議員選挙に触れて、ダグラスの再選は南部への痛撃であるから、イリノイ州共和党は上院議員選挙では民主党とともにダグラスを支持すべきだ、とまで主張していた。しかし四月二一日スプリングフィールドで開かれたイリノイ州民主党大会では、ダグラスがブキャナン派を抑えて上院議員候補に指名された。ついで六月一六日には同じスプリングフィールドで開かれた共和党大会で、リンカンが指名されたのである。リンカンとダグラスの対決である。

連邦上院議員候補に指名されたその夜、リンカンは周到に用意された原稿によって演説をした。事実上候補指名受諾のこの演説が、有名な「分かれ争う家」の演説である。それはこう始まっていた。

もし我々が、今どこにいるか、どこに向かおうとしているか、まずそれを知ることができたら、我々は何をしたらよいのか、そのためにどうしたらよいのか、もっとよい判断ができるだろう。我々は、今や奴隷制度についての煽動を終わらせるというはっきりした目的と、自信ある約束を盛り込んだ政策を始めてから、すでに五年の年月を経ている。この政策実行のもとにおいても、この煽動は止まなかったばかりか、絶えず増大してきたのだった。私の考えでは、それはある危機が到来し、それが過ぎてしまうまでは止むことがないであろうと思う。「分かれ争う家は立つことあたわず」なのである。私はこう信ずる。この政府は永久に半分奴隷で半分自由という状態に耐えることはできない。私は連邦が解体するのを望むのでもない。家が倒れるのを望むのでもない。ただ分かれ争うことを止めて欲しいのである。それは全体が一方（自由）になるか、それとも他方（奴隷制）になるかのどちらかであろう。奴隷制度の反対の人々が、その制度のこれ以上の拡大を阻止し、一般の人がこれを究極的には消滅してしまうと信じて安心するような状態に置くか、それとも奴隷制度擁護者たちがこれをおし進め、古い州でも新しい州でも、北部でも南部でも、あらゆる州で奴隷制が合法となるかのいずれかであろう。

後者の状態に向かっている傾向はないだろうか。

ついでリンカンは、現在のアメリカに奴隷制度拡張の陰謀があると論じ、ドレッド＝スコット事件の判決は、ダグラス・ピアース・トーニー・ブキャナンらの陰謀の結果であるといった。彼はまた共和党内でダグラスと共同して闘うという動きのあることに触れ、確かにダグラスは「ルコンプトン憲法」をめぐってブキャナンと訣別したが、依然として信用に足りる人物ではないと非難した。

リンカンのこの演説の冒頭はきわめて煽動的《せんどうてき》なものであった。南北対立と連邦の危機の高まりつつある時に、聖書の言葉を引用しつつ、連邦解体をはっきりと予想するような声明は、責任ある政治家がすべきことではなかったのである。実はリンカンが前もってこの演説の草案を友人たちに見せた時、彼らはこの煽動的な最初の部分を削るようリンカンに忠告した。にもかかわらず彼はそれを聞き入れなかったのである。アメリカの危機そのものに貢献するようなこの部分は、リンカンにとっては愚かな発言であった。この言葉はダグラスによってこの後何回も連邦の分裂と内戦を煽動するものとして引用され、そのたびにリンカンはその弁明に時間を費やし、連邦解体の可能性を否定しなければならなくなるのである。

リンカンのこの演説には、真実からほど遠い部分もあった。彼は、ダグラス・ピアース・トーニー・ブキャナンらの間に奴隷制度拡張をめざす陰謀があり、それが着々成果をあげているといったが、そういう事実はなかった。むしろ「ルコンプトン憲法」をめぐってダグラスとブキャナンは訣別していたのである。

❖「住民主権」を攻撃

それではなぜリンカンはこのような煽動的な烈しい言葉を使ったのであろうか。多くの人が様々の解釈をしている。ある人は「分かれ争う家」の考え方はリンカンの信念であったという。ある人は「分かれ争う家」は一八六〇年大統領選挙を考えてリンカンが作ったキャッチフレーズだという。しかし、現実的な政治家たるリンカンがこういう言葉を使った理由の一つは、おそらく自分の将来と共和党のために、ダグラス、とりわけ彼の「住民主権」の原理を攻撃しなければならなかったということであろう。

ダグラスが「ルコンプトン憲法」をめぐって民主党のブキャナン派と訣別してから、共和党内にダグラスを受け入れようとした者が多数いたことはすでに述べた。たとえ彼が民主党員であり続けても、ダグラスがかなりの共和党の票を取る可能性は大いにあった。それに彼はリンカンにとって容易ならぬライヴァルであった。しかも二人の間にはあまりにも共通点が多かった。基本的には奴隷制度の拡張反対、現存する奴隷制への干渉反対、ドレッド＝スコット事件判決反対、さらに連邦支持のナショナリスト、これらの点では両者ともに同じであったのである。

歴史的にリンカンのライヴァルとなったため、リンカンを英雄視し、理想化する人々の目には、ダグラスは悪役とうつり、リンカンとの相違が多くあったように見えるが、実際には両者の共通点が多かった点こそ、ここでは注目すべきことであろう。

リンカンは高名なダグラスに勝つために、彼との相違点を強調しなければならなかったのである。とりわけ彼は、ダグラスの主張の中心たる「住民主権」の原理の危険なことを攻撃する必要があった。ダグラスの「住民主権」論を徹底させれば、新旧、南北、どんな州でも理論的には奴隷制が認められる可能性を持つことになる。こうした意味でリンカンはダグラスの考え方が共和党にとって大変危険であると強調したのである。

烈しい言葉で色どられたリンカンのこの演説は、一八五八年イリノイ州連邦上院議員選挙における、有名な「リンカン・ダグラス論争」の始まりともいえるものであった。

❖選挙戦の開始

ダグラスはワシントンからイリノイに帰って選挙戦を開始した。五四年にカンザス・ネブラスカ法の提案者となった時はシカゴで演説もできなかったが、「ルコンプトン憲法」の不当性を非難する彼は、今や再びイリノイの英雄となった。七月九日彼はシカゴのトレモント・ハウスのバルコニーから、通りを埋める群衆に演説した。彼はリンカンの「分かれ争う家」の演説を鋭く批判し、「半分自由で半分奴隷」というものは成り立たないというリンカンの考え方は、北部と南部との戦争、奴隷州と自由州の戦争、一方が相手を完全に消滅させるまでとまらない戦争をひき起こす独断的思想であると論じ、アメリカはそのようにしてできた国ではなく、セクションや風習の違いの中を生きていく国である、と説いた。そして最後に「自分は黒人との平等に反対である。政治的にも他の面でも、劣等人種との混合はあってはならない」とつけ加えたのであった。この最後の部分は、ダグラスの選挙戦を通じ、南部色の濃いイリノイ南部、俗に「エジプト」と呼ばれ

リンカン

ていた地方では、強烈な支持を呼んだものである。

　共和党の対抗候補としてダグラスのうしろに坐り、メモを取っていたリンカンは、ダグラスの演説が終わるとすぐそれに答えて演説するよう求められた。リンカンはそれを断わり、翌日夜同じ場所で答えると約束した。そして翌日の演説で彼は「分かれ争う家」の演説がアメリカの分裂や戦争を断言したものではないと弁解したあと、合衆国憲法の下では白人も黒人も平等であるが、ただし白人と黒人は分離して生活することがもっともよい道であると思う、と説明した。この演説は明らかに防御的であったが、これ以後選挙戦が進むにつれて、彼の表現も説得力もしだいに力あるものになっていくのである。

❖リンカン・ダグラス論争

　ダグラスはシカゴのあと、ブルーミントン、スプリングフィールドで演説し、リンカンはそれを追うように演説した。この頃になると、共和党幹部たちの間にはリンカンの選挙戦の進め方に強い不満が生まれていた。党派的な攻撃が新聞でやりとりされ、かつてリンカンがメキシコ戦争に反対した態度、戦争中にアメリカ軍隊への物資補給を妨げる法案に賛成投票した事実までがとりあげられて攻撃の材料にされていた。そのうえ、リンカンはいつもダグラスの後を追うようにして姿を見せ、ダグラスの攻撃に弁解するのであった。共和党幹部たちはリンカンに、ダグラスに挑戦して一連の立会演説会を開くことを勧めた。リンカンはこれに同意し、ダグラスに挑戦状を送った。

この挑戦を受諾することは、ダグラスにとっては何の益もなく、マイナス要因がふえるだけであった。彼はすでに有名な大物政治家で、そう宣伝する必要もなく、もし討論で勝っても、彼に比べればまだ全国的には無名といってよいリンカンを有名政治家にするだけであった。逆にリンカンにとっては、これは絶好のチャンスであった。大物ダグラスとわたり合い、少しでも勝てば一躍全国政治の檜舞台におどり出ることができるのである。こうしたことを知りながらも、ダグラスはリンカンの挑戦に応じた。場所・日時はダグラスが定め、一人が討論開始の演説を一時間行い、相手が一時間半これに答え、それから最初話した方が半時間で締めくくることになった。次の演説会では話す順序は逆になる。

ダグラス

八月二一日のオタワから始まって八月二七日フリーポート、九月一五日ジョーンズボロ、九月一八日チャールストン、一〇月七日ゲールスバーグ、一〇月一三日クインジー、そして一〇月一五日アルトン、と七回の立会演説会が続けられた。七つの町は、すでに二人が演説をすませているシカゴとスプリングフィールドを除いたイリノイ州の各選挙区にあった。いずれもイリノイの大平原に点在する小さな町である。

もちろんリンカンもダグラスも、選挙演説をこの七回に限っていたわけではなかった。彼らは毎日のように演説を繰り返していた。この立会演説は、大平原イリノイ州民にとってはお祭りのようなものとなった。大勢の人々が遠くからも集まり、音楽、祝砲などの儀式の後で、二人の演説に聞き入ったのである。ダグラスは専用の客車に友人や顧問を乗せて廻った。美人のダグラス夫人はいつも演説会場に現われ、御婦人方の接待に当たった。リンカンは普通の客として普通の客車で旅をしたが、夫人は最後のアルトンの場合を除いて一回も姿を見せず、スプリングフィールドに居たきりであった。

この時のリンカンとダグラスは、その生涯で知力がもっとも充実していた。リンカンは四九歳、ダグラスが四五歳。身長一九三センチ、やせて骨ばったリンカンの声は、かん高いが遠くまで届いた。演説する彼の身振りは、指をどう組んだかまで、ハーンドンが克明に書き残している。それに反し、身長一六二センチの太ったダグラスの声は、深く響きわたった。二人とも相手の論理のすきを鋭くついていく力にめぐまれていた。大好きな冗談もほとんどでないほどリンカンも、そしてダグラスも真剣であった。

では七回の立会演説で二人は何を論じ合ったのだろうか。今日記録を読んでみてまず気がつくことは、同じことが何回も繰り返し論じられ、さらにかなり些細《ささい》な点についても論争が行われていることである。しかし論争の主題は、選挙戦開始時のシカゴでの両者の演説で明らかなように、領地における奴隷制、奴隷制そのもの、そして黒人についてであった。両者の考えに共通点は多かったが、討論会を重ねるにつれて、リンカンが意図したように、両者の基本的な違いがしだいに明瞭になっていった。リンカンは、奴隷制度というものは道徳的に悪であって、その存在そのものが独立宣言の趣旨に反する。黒人といえども「自由、平等、幸福の追求」の権利を持つのである。自分は現に奴隷制度が存在する地域では奴隷制に干渉しようとは思わないが、奴隷制のこれ以上の拡大には断固反対する。そうすれば奴隷制度はいずれ消滅するであろう、と主張した。これはいわば奴隷制の「封じ込め政策」である。これに対しダグラスは、もっとも重要なことは、「住民主権」という民主主義政治の原理が維持されるかどうかということであって、州が奴隷州となるか自由州となるか、黒人の運命がどうなるかはそのつぎの問題である、と主張したのであった。

❖フリーポートの質問

七回の討論の中で一番注目されたのは、八月二七日フリーポートで行われた第二回目のものである。リンカンはこの日、友人の考えにもとづいて、ダグラスへ以下のような質問をした。

合衆国准州の住民は、州憲法の制定に先立ち、合衆国市民の意志に反して、その境界内から奴隷制度を排除することを合法的に行いうるであろうか。

これはダグラスには難しい質問であった。もし彼がノーといえば、例のドレッド＝スコット事件判決を認めていることになり、したがって彼のもっとも大事とする「住民主権」は無価値となる。もしイエスといえば、南部の反感を買うことになる。しかしダグラスはイエスと答えた。奴隷制度は地方警察の力がなければ維持できない。それゆえ准州議会が警察による奴隷取締規則を作らなければ、結果的には奴隷制を排除したことになる、というのである。

ダグラスのこの返答はイリノイ州北部、中部では人々の支持を得たが、イリノイ州南部では不評であり、いわんや南部諸州では強い反感を呼んだ。世評でダグラスがこれで南部の支持を失い、民主党が南北に分裂し、六〇年大統領選挙で共和党が勝つ道を開いたといわれるのが、この質問である。しかしすでに見たように、ダグラスは「ルコンプトン憲法」反対ですでに南部では強い反感を買っていたから、リンカンがこの時の質問一つで大統領への道を開いたというのは言い過ぎであろう。

真夏のオタワで開始されたリンカン・ダグラス論争が最後のアルトンで終わった時は一〇月も中旬、秋はすでに深まり、大平原の木立ちの葉は枯れて落ちていた。リンカンはミシシッピ川を見下すアルトンの町の広場での討論をすますと、スプリングフィールドへ戻った。長い間選挙に明け暮れたリンカンの資金はもう乏しかった。彼は再び弁護士の仕事に精力を集中した。

❖「避けることのできない軋轢」

リンカンは選挙戦の最後まで成功を信じていた。聴衆の手ごたえはあったし、民主党は分裂していた。しかし一一月二日の投票の結果がはいってくると彼の心は重く沈んだ。結局一般投票では共和党州議会議員候補の総得票が一二万五四三〇、ダグラス派候補が一二万一六〇九、ブキャナン派が五〇七一票と、共和党がわずかの差で勝ったにもかかわらず、当選した州議会議員数ではダグラス支持五四、リンカン支持が四六名であった。ダグラスが正式に議会で選出されたのは翌年二月五日である。

リンカンのこのような敗因の一つには、この選挙の際の選挙区割が一八五〇年国勢調査の結果にもとづいており、その後の一〇年近い間に急激に増大したイリノイ州北部の共和党系人口の力を反映できなかったこともあった。

落選したリンカンはひどくがっかりしたが、長い目で見ればこの選挙はリンカンに益するところ大であった。大物のダグラスとリンカンがアメリカの直面する問題そのものについて徹底的な論争を展開し、大接戦を演じたことは全国に知れわたった。七回の討論は速記によって記録され、その全文が民主、共和両党の主だった新聞に掲載され、要約が全国の新聞に紹介されていた。一八六〇年の夏には全テキストが一冊の本として出版されるのである。この討論がなければ、六〇年大統領選挙でリンカンが共和党候補に指名されることなど、考えられないことである。

リンカンの気力はすぐにまた燃え上がった。一一月一九日、投票日から一七日後彼は友人のヘンリー＝アスバリーにつぎのような手紙を書いている。アスバリーは、フリーポートにおける有名な質問をリンカンに提供した人である。

戦いは続けられなければならない。市民的自由という大義が、ただ一回の、あるいは一〇〇回の敗北で降伏するようなことがあってはならない。さきの選挙でダグラスは、奴隷制を打破する道具として、と同時に奴隷制勢力を支える道具として支持されるという才能を示した。しかしいかなる才能でも、こういう相反する要素を長く調和させておくことはできない。別の爆発がすぐ起こるだろう。

相対する二つの力の軋轢《あつれき》を証明し、その衝突を予言したのはリンカンだけではなかった。リンカン・ダグラス論争が終わった一〇日後の一〇月二五日、ニューヨーク州のロチェスターで連邦上院議長ウィリアム＝シュワードが演説し、自由労働と奴隷労働の組織を比較したあと、「この二つの敵対関係は偶然で不必要、……一時的なものではない。それは互いに敵対し、耐え忍んできた力と力の間の避けることのできない軋轢である」と断言したのである。ニューヨーク州の改革知事、そして多方面で活動していた著名な彼の、この「避けることのできない軋轢」という言葉は、南北間の危機をいやがうえにも煽《あお》ったのであった。

最初の大統領選挙

❖ジョン＝ブラウン事件

リンカンは上院議員落選以来、弁護士業に専念していたが、一八五九年夏頃からかなりの演説の依頼があり、イリノイ州内はもとよりオハイオ・ウィスコンシン・カンザスなどで演説をした。しだいに彼は六〇年大統領選挙出馬の決意を固め、国内情勢の研究、分析に努めたのである。その間南北の対立は、最後の破局に向かって爆発的に進行していた。

五九年一〇月一六日の日曜夜、東部の奴隷制廃止論者たちの激励と財政的援助の下に綿密な計画を立てていたジョン＝ブラウンは、息子三人、黒人五人を含め一八人のグループを率い、ヴァージニア山中のハーパーズ－フェリーにある連邦武器庫を襲撃した。ここを占領し、ここを根拠地として奴隷解放を武力で進めようとしたのである。襲撃は成功し、ブラウンらは武器庫、町を占領し、市民を人質とした。しかし期待した奴隷の反乱は起こらなかった。知らせを

ハーパーズ-フェリー

受けたブキャナン大統領が急遽送ったロバート・E・リー陸軍大佐の率いる連邦軍によって、一八日には反乱は鎮圧され、ブラウンは負傷して捕えられた。彼がヴァージニア州に対する反逆罪で裁判にかけられ、絞首刑になったのが一二月二日である。

この事件は南北両地域に深刻な衝撃を与えた。遠いカンザスの事件とは異なり、ハーパーズ-フェリーはワシントンからわずか八五キロ、リッチモンドから二六〇キロであった。

北部ではブラウンの行動を暴挙と非難する者もいた。ダグラス・シュワードなどの政治家、実業家などがそうである。しかし興味深いのは当時の北部の指導的な知識人の中に、ブラウンの行動を極端にまでほめ讃えた人々が多くいたということである。エマーソン・ソローという超絶主義者をはじめ、マサチューセッツの保守的知識人チャールズ＝ノートン

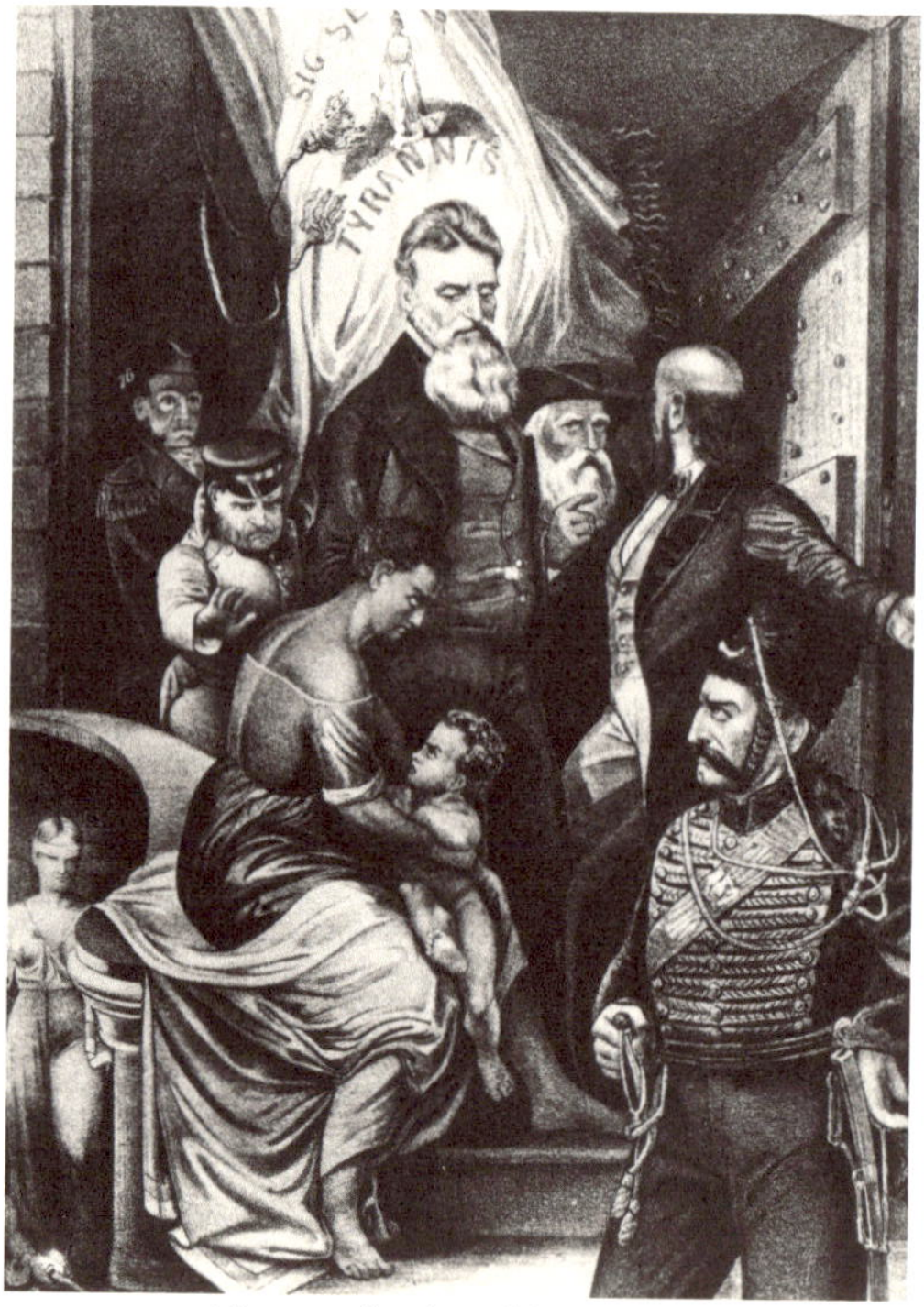

ジョン=ブラウン讃美の石版画

までがブラウンを讃えたのである。ブラウン自身は、獄中から手紙を書きまくり、裁判中にも負傷のいえぬ身でベッドから弁舌を振るい、自分の奴隷解放の意志は神の意志であると主張した。ソローもエマーソンもブラウンの言葉に感激した。とくにソローはコンコードの教会で、ブラウンを「光の天使」とまで呼んだ。常軌を逸した行動が多く、時に残酷で無謀な行動を見せたジョン=ブラウンは、これらニューイングランド知識人の心の中では、聖人、殉教者となったのである。

ブラウンを聖人にしたてたのは何もニューイングランドの超絶主義者たちだけではなかった。「ニューヨーク・トリビューン」紙のグリーリーは、ブラウンが処刑場にひき出される様子を詳細に報道した中でつぎのように書いた。

一一時に彼は獄から出て来た。これを見た人はこういっている。「彼の顔は輝くような表情で、その足どりは征服者のそれのようであった」。彼は喜んでいるかのようにさえ見えた。おそらくその当日処刑の行われた町チャールストンでもっとも心の軽かったのは彼であった、といわれている。戸口に、黒人女性が幼い子供を抱いて立っていた。ブラウンは一瞬立ち止り、かがんで、愛情こもったキスを子供にした。彼が歩き出すと、子供連れのもう一人の黒人女が呼んだ。「神様、この御老人に祝福を！　できることなら助けてあげたいのです。でも私にはそれができない」。

この文章は多くのニューヨーク人を感動させた。しかしここに出てくることはすべてグリーリーの創作であったのである。

ジョン＝ブラウン
かばねは墓に朽つるとも
進みて止まず魂は……

という「ジョン＝ブラウンの歌」は、南北戦争中盛んに北軍兵士によって歌われることになるのである。

一方南部人の受けた衝撃は、極端な恐怖心となった。長い間奴隷暴動やその可能性におびえてきた南部人にとって、この事件はついに始まるかもしれない奴隷大暴動の前兆とも受けとれた。彼らはこの事件の背後に「黒い共和党」がいることを確信し、目的のためには手段を選ばぬ態度に非難の声をあげたのである。

❖「正義は力なり」

ブラウンがハーパーズ゠フェリーを襲撃した同じ一〇月に、リンカンはニューヨークのブルックリンにあるヘンリー゠ワード゠ビーチャー牧師のプリムス教会で講演するよう招待されていた。翌年の大統領選挙に出馬したいリンカンにとって、共和党指名大会でおそらく強敵となるであろうシュワードの地盤ニューヨークで自分の立場をはっきりさせることは、願ってもないチャンスであった。またハーパーズ゠フェリー事件のかげの「黒い共和党」、暴力主義、過激主義の共和党として南部から痛烈に非難され始めた自党を弁護する必要もあった。さらに東部へ行けばハーヴァード大学入試準備のためニューハンプシャーの学校に入れた息子のロバートにも会える。こうして彼は様々な期待をこめてニューヨークへやってきたのである。

一八六〇年二月二七日の夜、リンカンは変更になった会場、クーパー゠インスティテュートで、吹雪の中を集まった一五〇〇人の聴衆を前に、周到に用意した演説をした。彼はまず建国の父祖たちが奴隷制度はいつかは消滅しなければならないと考えていたことを証明するため、長い歴史的な説明をしたあと、南部人や民主党が共和党にあびせている非難をつぎつぎ反論していった。とくに彼はジョン゠ブラウンの行動を強く非難し、ブラウンと共和党との関係を断固否定した。共和党は急進的でも革命的でも暴力的でもない。保守的である。ジョン＝ブラウン事件は共和党の煽動したものではなく、ブラウンという一個人の熱狂家がひき起こした無謀な行動であるといったのである。ついでリンカンは、共和党は分裂を主張しているわけではないと強調した。共和党が勝利を収めたら連邦は分裂するという考えは全くの間違いであると。最後にリンカンは共和党員たちに呼びかけた。共和党員は平和を守るために全力を尽くさなければならない。しかし南部人は奴隷制を正当と考え、自分たちはそれを不当と考えているのであるから、それ以外の立場はありそうもない。自分たちは信念を通さなければならない。そういって彼は演説をこう結んだ。

恐れることなく、有効に、我々の義務を果たすため立ち上がろう。……偽わりの非難に敗けて義務を放棄したり、政府を破壊するとか、獄につなぐとかいう脅迫におびえてはいけない。正義は力であるという信念を持とうではないか。そしてその信念にもとづいて最後まで自分の信ずる義務をすすんで果たそうではないか。

この会場で紹介された時のリンカンは、すでに東部でも名を知られていたが、旅行鞄の中でしわくちゃになった新調の洋服を着たのっぽの無愛想な西部人であった。しかし演説が終わった時、割れるような喝采が起こり、それがいつまでも続いた。翌朝ニューヨークの四大新聞がこの演説の全文を、編集長たちの讃辞とともに掲載した。

リンカンがクーパー・インスティテュートの演説の中で、共和党や自分がけっして急進的でないことを繰り返し説明しながら、その最後に至って、「正義は力なり」という強烈な言葉の下に、信念を曲げぬよう共和党員に呼びかけたことは、まことに印象的であった。この強い言葉は、数年前ならひどく奇異に見られて非難されたであろう。五八年六月スプリングフィールドの演説で、「分かれ争う家は立たず」と断言して非難され、自から何回もそれを弁解しなければならなかったことが思い出されるであろう。場所が反南部の雰囲気の強いニューヨークだということを考えても、今ここで、「正義は力なり」が大喝采をもって迎えられたという事実は、南部の共和党非難、過激な奴隷制度廃止論が日ごとに激しくなっていく中で、南北の対立がいかに高まっていたかを如実に示したものであった。

ニューヨークでの成功に気をよくしたリンカンは、プロヴィデンス・コンコード・ドーヴァー・エクスター・マンチェスター・ハートフォードと演説してまわり、三月になってスプリングフィールドへ帰った。

共和党大会

❖「棒杭づくりの大統領候補」

その三月はすでに大統領選挙の季節であった。今や野心に燃えたリンカンは、共和党大統領候補に指名されるため、さまざまな計算をし、活発に動いた。彼は、五月九〜一〇日にデカトーで開かれたイリノイ州共和党大会で、全国大会へ送り込むイリノイ代議員の支持をとりつけた。この州大会ではリンカンのいとこのジョン＝ハンクスが、三〇年前にリンカンが作った棒杭二本を持ち込んで、「棒杭づくりの大統領候補」という、西部フロンティア的な大衆受けのするリンカンのイメージをつくりあげたのは有名な話である。

共和党の全国大会は、五月一六日からシカゴのウィグワム大会場で開かれた。リンカンの参謀や運動員は本部をトレモント＝ホテルにおいた。総指揮者はリンカンの旧友でブルーミントンの巡回裁判所判事デイヴィッド＝デイヴィスであり、彼を助けた人々の主なものはリンカンの弁護士仲間であった。

リンカンは完全なダークホースであった。五九年末に『大統領候補予想一覧』という本が出て、二一人の潜在的候補者の説明があったが、リンカンはその中にもはいっていない。大会直前に候補者指名を争うと見られたのは、ニューヨークのシュワード、オハイオのサーモン＝チェイス、ペンシルヴェニアのサイモン＝キャメロン、ミズーリのエドワード＝ベイツ、そして、最後にリンカンであった。

リンカンが狙ったのは、ダークホースが持つ強みであった。広大なアメリカの大統領選挙では、さまざまな利害関係を持つ民衆にできるだけ幅広くアピールする人物でなければ当選しない。いかに強力な指導者であっても、特定の立場を主張しすぎると落選するのである。この点シュワードは、例の有名な「避けることのできない軋轢」という発言のために、実際以上に急進的という印象を与えてしまっていたし、オハイオ州知事を二期務めたチェイスは、シュワードよりも急進的で全国的な支持層は限られていた。キャメロンは典型的政治ボスで自州以外に人気がなく、ベイツは外国移民排斥のノー＝ナッシング党と結んでいたので、ドイツ系移民の支持は得られなかった。このように、党内の強力な指導者であっても問題の多い指導者よりは、ある程度保守的で、奴隷問題以外にはあまり公けに態度を表明したこともなく、したがって敵もなく、しかもフロンティア人で大衆受けのするリンカンの方が最終的に指名される可能性もあったのである。リンカンの狙いはこれであった。事実彼は、三月二四日オハイオ州の有力な支持者に全国大会での作戦をこう説明している。

私の名前はまだ新しい。多くの人にとっては第一候補ではないと思う。したがって我々の政策は、どの候補をも敵に回さず、皆が候補に指名されるのをあきらめた時、我々の支持に回るようなムードにさせておくことである。

❖候補者に指名

大会最初の二日間は綱領の採択に費された。綱領は現ブキャナン政府や「ルコンプトン憲法」を非難し、准州は本来奴隷を持たないと主張し、カンザスの自由州としての連邦加入を要求し、さらに外国移民排斥立法反対、国内交通改善、自営農地法、大陸横断鉄道建設、保護関税を提唱する決議を含め、多方面の地域や人々に訴えるよう工夫してあった。大統領候補指名投票は三日目の一八日となった。

この間リンカンの選挙参謀デイヴィスは、運動員を使って各州代表団と交渉してリンカン支持を説いた。デイヴィスがとくに狙ったのは大統領選挙直前に州議会選挙のあるインディアナとペンシルヴェニアである。この二州に対しては、リンカン当選のあかつきには重要なポストを与えるという条件を持ちかけて成功した。ペンシルヴェニアのキャメロンがリンカン内閣の陸軍長官に指名されたのはこのためである。この取引をデイヴィスはスプリングフィールドにいるリンカンに電報で問い合わせ、リンカンが「どんな取引も許さない」といってくると、デイヴィスはこれを聞かなかったことにして取引したといわれている。

デイヴィスは他の面でも活躍した。大声が自慢の男を雇い、大会会場でハンカチの合図に合わせて他のリンカン応援団とともにわめき立てる手筈《てはず》も整えた。また指名投票の前日にはにせの入場券を大量に印刷してリンカン支持者にくばり、翌日早朝他の候補者の応援団が到着する前に場内のよい場所を占めさせ、シュワード派を追い出すという手も使ったのである。

指名投票はリンカン派の期待した通りに進んだ。第一回投票でシュワード一七三・五票、リンカン一〇二票、キャメロン五〇・五票、ベイツ四八票。第二回目にはベイツとキャメロンの名が消え、シュワード一八四・五票、リンカン一八一票。第三回目でシュワード票は総崩れとなり、投票がオハイオ州まできた時、リンカンは指名に必要な代議員半数二三三票を獲得したのであった。リンカンは指名の報告をスプリングフィールドの『ジャーナル』紙の事務所で受けとった。

これより約一か月前の四月二三日、民主党はチャールストンで全国大会を開いていたが、大会はダグラス支持の北部民主党と南部民主党とに分裂していた。前者は六月一八日ダグラスを大統領候補に指名し、後者は六月二八日ケンタッキーのジョン＝ブレッキンリッジを指名した。

これに加えてノーナッシング党やホイッグ党の古い妥協論者が立憲統一党をつくり、テネシーのジョン＝ベルを指名した。こうして民主党の完全なる分裂と第三政党の出現は、リンカンの立場をきわめて有利に導いたのであった。

❖初当選

選挙戦は夏から秋まで休む間もなく続いた。ひと昔前まで文書と演説の戦いであった選挙戦は、もうこの頃には大野外集会、歌、行進などをとりまぜた華やかなものになっていた。中でも共和党の組織はよく団結し、リンカンのシンボルとなった棒杭や松明を手にした行進もくり拡げられた。しかしリンカンは、候補者自身が運動するのは遠慮すべきだという当時の習慣を守って、スプリングフィールドに残っていた。彼がしたことといえば、六月一日に長い自叙伝風のものを書いて運動員に提供したこと、つねに全国の共和党指導者と連絡をとっていたことであり、積極的な発言や演説は一回もしなかったのである。

ところで選挙戦中にもう一つリンカンがしたことに、彼がひげをのばし始めたことがあげられる。前述したように一〇月に彼はニューヨークのグレースという少女から、あなたはひげをはやした方が大統領に似つかわしいという手紙を受け取っている。その手紙が直接の動機となったかどうかは判らないが、五一歳にしてリンカンは、あの我々になじみ深いあごひげを短くたくわえたリンカンに変わったのである。

一方民主党陣営の分裂はますますひどくなっていった。南北民主党の争いは少しもやまなかった。リンカンと逆にダグラスは、大統領選挙の習慣を破って自から精力的に遊説に努めたが、共和党と南部民主党の両方から集中攻撃をあび、情勢は目に見えて悪くなるばかりであった。選挙戦が激化するにつれて南部では、リンカンが当選したら連邦を脱退しようという声が強くなっていた。

投票は一一月六日に行われた。一般投票数はリンカンが一八六万六四五二、ダグラスが一三七万六九五七、ブレッキンリッジが、八四万九七八一、ベルが五八万八八七九であった。三人の競争相手を合計するとリンカンのそれより一〇〇万票多い。しかし選挙人票はリンカン一八〇、ブレッキンリッジ七二、ベル三九、ダグラス一二であった。リンカンはニュージャージーを除く全部の自由州で勝ったが、辺境諸州とヴァージニア山岳地方の得票を除いては南部では一票の選挙人票も獲得できなかった。ブレッキンリッジの得票は南部のみであった。ダグラスが勝ったのは、ニュージャージーのほかはミズーリだけであった。

妥協を拒む

❖南部の脱退

一八六〇年一一月に当選したリンカンが大統領に就任するのは、合衆国憲法の規定によって当時は翌年の三月であった。大統領当選から就任までの期間は、アメリカの政治にとっては、新しい大統領が選ばれるごとに訪れるきわめて微妙な、そして時にはきわめて危険な過渡期である。すぐに退く大統領と古い議員がまだその椅子に留まってはいるが、もう実際の力を発揮することは難しい。一方、新しく当選した大統領や議員はまだ権力を握っていない。政権交代をスムーズにするためには次期大統領は前任者との慎重な打ち合わせが必要だが、下手に協力すれば就任してからの立場が制約されてしまう。次期大統領の行動に慎重さが要求されるのは当然である。

このような過渡期の存在は、アメリカが危機に見舞われている時にはそれをさらに悪化させることにもなった。たとえば一九三二年フランクリン＝ローズヴェルトが大統領に就任した時、大恐慌がアメリカを襲っていても、誰もこれを抑えるだけの効果的な力を発揮することができなかった。しかし当選したリンカンが直面した事態は、これよりもはるかに深刻であった。彼が当選した直後から、アメリカは分裂に向かって急激に動き始めていた。しかもその中でワシントンの官職を占めていたのは完全に分裂した民主党と保守的な大統領ブキャナンであった。

「黒い共和党」のリンカンの大統領当選が伝わると、南部はわき立った。共和党支配下に連邦内に留まることの是非が論じられ、脱退論が急激に高まった。州によっては志願兵募集の法案が通過し、弾薬を買う資金が集められた。南部出身の軍人が北から故郷へ戻り始めた。一二月二〇日ついにサウスカロライナが連邦脱退を宣言した。ついでミシシッピ、フロリダ、アラバマ、ジョージア、ルイジアナ、テキサスが脱退し、六一年二月八日アラバマのモントゴメリーで南部連合国を結成し、ミシシッピのジェファソン＝デイヴィスを臨時大統領に、ジョージアのアレキサンダー＝スティーヴンスを臨時副大統領に選んだ。スティーヴンスはリンカンの連邦下院議員時代の親友である。

❖妥協の試み

このような事態に対する反応はさまざまであった。グリーリーは「ニューヨーク・トリ

スティーヴンス

ビューン」紙の論説で、南部を平和に脱退させた方がよいと論じた。奴隷制度の束縛から抜け出たい急進的な奴隷反対論者たちも、グリーリーに賛成であった。
一方、一八二〇年、五〇年と、妥協によってアメリカが再度危機を切り抜けたように、今度も妥協によって南北分裂を回避しようと考えた人々やグループももちろん多かった。大統領ブキャナンもその一人である。彼は優柔不断でこの危機に際し何もしなかったとよくいわれるが、これは正しい表現ではない。彼は妥協のために努力し、それに失敗したのである。法を重んじる彼は、司法長官の考えを入れ、州には連邦を脱退する権利はないが、脱退する州を力で止める権利は大統領にないと考えていた。しかしサウスカロライナが脱退すると、ブキャナンはこれ以上の他の州の脱退を防ぐための妥協案を考えた。彼は次期大統領リンカンに対し、事態改善のため憲法修正のための大会の開催を一緒に呼びかけようと提案した。リンカンがこれを拒否すると、ブキャナン内閣の南部出身者が辞職した。ブキャナンは空席を連邦主義者でうめ、さらにつぎのような妥協案を議会に提案した。㈠チャールストン港において連邦関税法を守らせる、㈡陸海軍を強化する、㈢憲法修正会議を開催する、㈣戦争を起こすような行動はとらないという誓約をする、がそれである。しかしこの案も議会の共和党グループによって阻止されてしまった。

連邦議会のメンバーからも妥協案が提出された。偉大なる妥協者ヘンリー＝クレイの後継者といわれたケンタッキーのクリテンデン上院議員は、一二月一八日一連の憲法修正案を提出した。二〇年のミズーリ協定線を復活し、その南の准州では奴隷制を認める、議会は州およびコロンビア地区における奴隷制に干渉しない、逃亡奴隷の所有者には補償する、というのである。この提案は、リンカンの要請で上院委員会で否決された。クリテンデンはさらに翌年一月に自分の妥協案を国民投票にかけるよう提案し、三月にも重ねて妥協を訴えたが、いずれも共和党議員の拒否するところとなった。

議会外にも妥協を望む勢力があった。北部の実業家たちが南部分離による経済的影響を心配して出した案もあったが、中でも注目されるのは、ヴァージニアの提案で二月四〜二三日にワシントンで開かれた平和大会であった。南北二一州からの代表が集まったこの大会では、クリテンデン妥協案とほとんど変わらない案が提案されたが、これもやはりリンカンの要請で上院委員会が拒否するところとなった。これはリンカンが大統領に就任する直前であった。

❖「奴隷制拡大に対して妥協はない」

それではなぜリンカンは、このような妥協案をにべもなく拒否し続けたのだろうか。彼は何にもまして連邦の維持を第一と考える現実的な政治家ではなかったか。たしかに大統領当選から就任までの四か月間は微妙であったが、次期大統領という潜在的力をもって、種々な手段で連邦の分裂を阻止するために力を発揮できたはずである。妥協案を退けた彼は、一体何を考えていたのであろうか。

大統領当選の日からワシントンへ向かってスプリングフィールドを発つまで、リンカンは公式には沈黙を固く守った。南部の情勢が悪化していた時、リンカンを過激論者と思っている南部の誤解をとくため声明を出したら、という要求があっても、リンカンは沈黙を守った。自分の立場はすでに述べてきたし、その立場を変える気はない、というのがその理由であった。しかし公式には沈黙を守っていた彼の真の立場は、この頃彼がノースカロライナのジョン＝ギルマーに出した極秘の私信によって知ることができる。ギルマーはリンカンが財務長官として入閣を希望していた人物である。

一二月一五日のこの手紙の中でリンカンは、コロンビア地区の奴隷制も廃止しない、奴隷州内の奴隷売買も禁止しない、奴隷州での官職任命に当たっては任命を受ける者の政治的立場、奴隷所有者か否かは調べないなど、自分は南部人と変わらぬ立場でいることを説明した。ただ注目すべきは、この手紙の中で准州の奴隷制についてこう書いていることである。

准州の問題では私は頑固である。…この点にあなた方と私たちとの違いがある。これが唯一の実質的な違いである。あなた方は奴隷制は正しく、拡大すべきものだと考え、私たちはそれが悪であって、制限すべきものだと考えている。これがなければ、どちらも相手を怒ることなどないのだ。

連邦議会内でクリテンデン妥協案が問題になり始めると、リンカンは共和党の指導者に何通か手紙を書いて、他のことは別としても奴隷制拡大の問題では絶対に妥協しないように要請した。つぎの文章は、イリノイ出身の上院議員ライマン＝トランデルにリンカンが一〇月一〇日送った、これも極秘の私信である。

奴隷制度拡大の問題については妥協があってはならない。もし妥協するなら、すべてが失われ、やがてもう一度苦労しなければならなくなる。危険なのは……住民主権の原理である。そんなものは絶対にいらない。信念をつらぬこう。

一二月二〇日、ニューヨーク州共和党組織のボスで、シュワードの政治顧問サーロー＝ウィードがスプリングフィールドへやって来た。リンカンはシュワードを国務長官に望んでいたが、ウィードはそれについての相談と、南部との妥協でリンカンがいかなる政策を持っているか、確かめに来たのである。一二月二〇日はサウスカロライナが連邦脱退を決議し、そのニュースが全国にとびかっていた日であるが、ウィードとの会談でリンカンは自筆で妥協についての三か条を書き、ウィードに持たしてやったのである。このリンカン自筆の三か条は現在残っておらず、その内容は判らないが、その翌日リンカンがトランデルに書いた手紙によれば、三か条は准州問題には触れていないようである。しかし会談の三日前、一七日にリンカンがウィードに出している手紙には、「准州問題で自分が頑固なこと」、「ミズーリ協定線の復活や住民主権の承認は自分たちが選挙で得たものをすべて失ってしまうことになる」と書いていることから、この会談でリンカンが奴隷拡大反対の並々ならぬ決意をウィードに知らせ、なおかつこれを公式の文書に書かなかったということが判るのである。なおウィードへの手紙の最後に、「いかなる州も他の州の同意なくしては合法的に連邦から脱退できないこと、政府機構を今まで通り運営するのが大統領および政府機関の義務であること、それが自分の意見である」と書いて、リンカンは南部脱退という危機に直面した次期大統領として取るべき態度を示唆したのであった

　次期大統領としてリンカンが四か月の間にしたことは、できるだけ沈黙を守りながら、一方極秘の私信を通じ、南北間の妥協においては、准州への奴隷制度拡大禁止というただその一点では絶対に南部に譲歩せぬよう共和党幹部に訴え、結果として重要な妥協案を自から厳しく阻

止したということであった。

❖「封じ込め」に固執

すでに見たように、リンカンはきわめて強いナショナリストであり、アメリカ合衆国の連邦組織維持ということでは、超絶主義的ともいえる信念を持っていた。そのうえ彼は、偉大なる妥協者ヘンリー＝クレイを長い間理想的政治家像として見ていた。その彼がなぜ「住民主権」の原理や奴隷制の准州への拡大にこれだけ徹底的に反対したのだろうか。これだけ反対すれば、南部の脱退が続き、連邦が崩壊する危険は十分あった筈である。

その理由はいくつか考えられる。一つはすでにこの問題でダグラスと戦ってきた以上、ここで妥協すれば彼の政治的立場がなくなること、第二は奴隷制拡人反対を政策とした共和党にとっても、この点は同じであったということである。そして、もう一つ大事な理由は、彼が奴隷制を道徳的な悪と考え、したがって奴隷制拡大禁止と拡大許可の争いは、善と悪の二つの原則の争いであると考えたことであった。現実的な政治家のリンカンは、アメリカの歴史を通じて妥協、譲歩が連邦を守るためにいかに重要な役割を果たしてきたかをよく知っていた。しかし奴隷制度を道徳の問題として考えた彼には、妥協の難しい道徳と現実政治の間で、一体どこで譲歩の線をひくかが問題であった。そしてダグラスとの七回にわたる立会演説会以来彼の心にかたくななまでに生まれていた信念は、奴隷制にまつわる他の面では譲歩しても、悪である奴隷制の拡大だけは絶対に認められぬというものであったのである。奴隷制の「封じ込め」が連邦の取るべき道と考えたのである。

しかしこの頃のリンカンは、彼の妥協拒否がそのまま南部脱退の進展につながり、その結果、五年にわたる大戦争、六二万人の戦死者という恐るべき犠牲につながり、それがアメリカ国民を苦しめることになろうとは、少しも知らなかったのである。あとで触れるように、リンカンは連邦の将来や、万が一戦争になった場合の事態についても、あまりにも楽観的であった。南北戦争の悲惨さを前もって知っていたら、リンカンはどういう政策を南部にとったであろうか。リンカンの伝記を読む人は、南北戦争が進み、その戦争の悲惨さが判ってくるにつれて、リンカンがいかに人間として苦しみ、そして人間として成長していったかに深い関心をそそられるのである。

❖リンカンの閣僚

次期大統領がなさねばならぬ仕事に、閣僚をはじめとする連邦官吏の選定があった。閣僚の選定に当たり、リンカンは党内の有力者や地域の重要性など、さまざまな政治情勢を考慮しなければならなかった。さらに参謀が共和党全国大会で指名を争って他派と取引をしていたことも、リンカンは考えなければならなかった。

共和党の最も有力な指導者として自他ともに認めていたニューヨークのシュワードを、リンカンは国務長官に決めた。シュワードがリンカンの政策その他をさぐるため、ウィードをスプリングフィールドに送ったことはすでに触れた通りである。財務長官の椅子には、大統領候補指名を争ったオハイオのチェイスを選んだ。リンカン内閣の実力者と自から考えるシュワードは、チェイスの入閣に強く反対したが、リンカンの説得で反対をとり下げた。

司法長官には同じく大統領候補を争ったミズーリ州のベイツが、内務長官にはインディアナ州のケイレブ＝スミスが選ばれた。ニューイングランドの代表としてはコネティカット州の前民主党員ギデオン＝ウェルズを選んだ。ワシントンの北の戦略的にも重要なメリーランド州からは、モントゴメリー＝ブレアが郵政長官に選ばれた。

一番困ったのは、共和党指名大会で参謀のデイヴィスが閣僚に加えると約束してしまったペンシルヴェニアのキャメロンの処遇であった。リンカンは彼に陸軍長官の椅子を用意したが、キャメロンは財務長官を要求、そのうちペンシルヴェニアの反キャメロン派がキャメロンの入閣に反対し始めた。こうしたごたごたが続くうちにキャメロンも反キャメロン派も、下手をすればペンシルヴェニアからは入閣者がなくなるという心配から、結局彼は陸軍長官の座にすわることになった。

下級の官史の選定も大変であった。共和党を支持した人々が職を求めて押しかけ、そのためスプリングフィールドのホテルは満員となり、溢れた人々が寝台車に泊ったという。リンカンは彼らを怒らせぬよう、郵便局長や関税吏などの職まで世話をしてやった。官職の欲しい人々は、後でホワイトーハウスにまで押しかけた。ホワイトーハウスにおけるリンカンの生活を調べると、彼がいかに多くの時間をこういう人々のために費したかを知って驚かされるのである。

❖「殺そうと思えば何千の方法がある」

ワシントンへ出発する時がしだいに近づいてきた。一月初め、リンカン夫人は急いでニューヨークへ行き、ホワイトーハウスの女主人にふさわしい洋服を準備してきた。

一月の末リンカンはスプリングフィールドを抜け出し、コールス郡に住んでいる老いた継母、自分を育ててくれたサラ＝ブッシュ＝リンカンをたずねた。汽車の接続が悪く、彼は貨物列車の乗務員室に乗ってチャールストンに着き、一夜を友人の家で明かした後、翌朝一六キロの道を馬車で母の家まで行ったのである。リンカンと彼の敬愛する継母との最後の対面の様子は、一八五六年ハーンドンが涙とともに語る彼女から聞き出して記録に残している。彼女はこういったようである。

私は夫が死んだ時に死ねばよかったのです。私はエイブが当選して欲しくなかった。私は心の中で何かが、どうかして、彼の身の上に起こるのではないかと心配でした。彼が私に会いにやってきた時、……私はまだその時、何かがエイブに起こる、もう彼に二度と会えぬのではないかと、何かが私にいっているように感じました。

リンカン自身もその何かの可能性を早くから感じていた。感情の対立で歪んだ時代に、リンカンという一人の人間は、あらゆる憎悪の対象となったからである。当選前から彼は脅迫状を受けとっていたし、当選後はそれが一段とひどくなっていた。ちょうど母をたずねて行った頃のリンカンは、「私は覚悟している。防弾チョッキを着ようが、ボディーガードをまわりに並べようが同じことだ。私を殺そうと思えば何千という方法があろう」といっている。リンカンの暗殺を暗示した話としてはつぎのものが有名である。当選後間もない頃、ふと鏡を見たリンカンは、自分の顔が一つはっきりと、それにもう一つそのうしろに薄ぼんやりと映っているのを見た。驚いた彼がこのことを夫人にいうと、彼女は、これはあなたが大統領を二期務めるが、第二期を生きて終わることのない兆ではないかといって心配した、というのである。

ワシントンへの出発直前の二月六日に、リンカン夫妻は最後のパーティを開いた。それが終わると家具を売り払い、犬を隣家に預け、二月八日には一家はホテルに移った。そこでリンカンは自分の手でトランクの荷作りをし、「ワシントン、行政府マンション、A・リンカン」と宛名を書いた。

二月一一日のスプリングフィールドは冷たい霧雨の日であった。朝早く見送りに来た群衆に簡単な別れの挨拶をしたリンカンを乗せて、汽車はワシントンへ向けて出発した。一八六一年二月一一日午前八時、これがリンカンの二度と生きて帰らぬ旅路の始まりであった。

V

南北戦争その一

CIVIL WAR CENTENNIAL
SHILOH
1862
1962
4c
UNITED STATES POSTAGE

戦争勃発

❖大統領就任式

リンカンの大統領就任式が行われたのは、彼がワシントンに到着してから一〇日後の三月四日である。彼が到着したその晩、ダグラスが宿舎のウィラーズ・ホテルに次期大統領をたずね、二人は当面の問題について話し合った。帰りぎわに、ダグラスがリンカンの手をとってこういった。

あなたと私とは何年も政治的には敵対者だったが、憲法と連邦に対する献身と愛情の点ではけっして違いはなかった。この点私たちは一つであり、このことはつぶしてはならないし、つぶれもしないでしょう。

その後一〇日間、リンカンは閣僚予定者と会談し、大統領ブキャナンをたずね、連邦最高裁判所、上下両院を訪問した。

就任式直前の議事堂（建設中）前広場

リンカンはスプリングフィールドを出発する前に就任演説の原稿をつくってきていたが、ダグラスやシュワードの意見をとり入れて南部に対しより宥和《ゆうわ》的なものにした。とりわけ後に引用する結びの一節は、はじめ「平和か剣か」という強い調子の結びであったものを、シュワードが書き足し、リンカンがその文章を訂正したものである。

　三月四日正午少し前、ブキャナン大統領が馬車でホテルにリンカンを迎えにきた。二人は一緒に就任式場に向かった。この時議事堂のドームは建築中で周辺は乱雑であったが、厳重な警備体制の下で緊迫した雰囲気に包まれていた。重要人物を守るため、演壇の所までトンネルのような木造通路がのびていた。

就任演説のためリンカンが演壇に進み出た時、シルクハットをどこへ置こうかと一瞬とまどった。それをダグラスが微笑んで預り、式典の最後までずっと持っていた。この小さな巨人ダグラスは、共和党の他の政策には賛成せずとも連邦維持のためにはリンカン政府への支持を人々に訴え、その講演旅行中腸チフスにかかり、一八六一年六月三日シカゴで死んでいる。この愛国者のために連邦軍隊は弔旗を掲げて悲しみの意を表わしたという。

約三万人の群衆を前にした就任演説は、全体としては穏やかであったが、危機に直面したリンカンのとる態度をはっきり表明していた。彼は、まず新政府が南部諸州の現存する奴隷制度に干渉する意志のないこと、どの地域の財産・平和・安全を脅やかすものではないことを説明したあと、「連邦は憲法よりも古いものであるし、それにたとえ合衆国が契約による性質を持った諸州の連盟であるとしても、これを合法的に廃棄するにはすべての当事者の同意が必要であるゆえ、南部諸州の脱退は法的に無効であり、連邦政府はこれを認めることができない」といった。そして連邦を破壊する動きに対しては、新政府はその権威を保つためにあらゆる努力をすると約束したのであった。最後にリンカンは演説をこう結んだ。

我々は敵ではなく、友人であります。敵であってはなりません。激情が緊張をもたらす

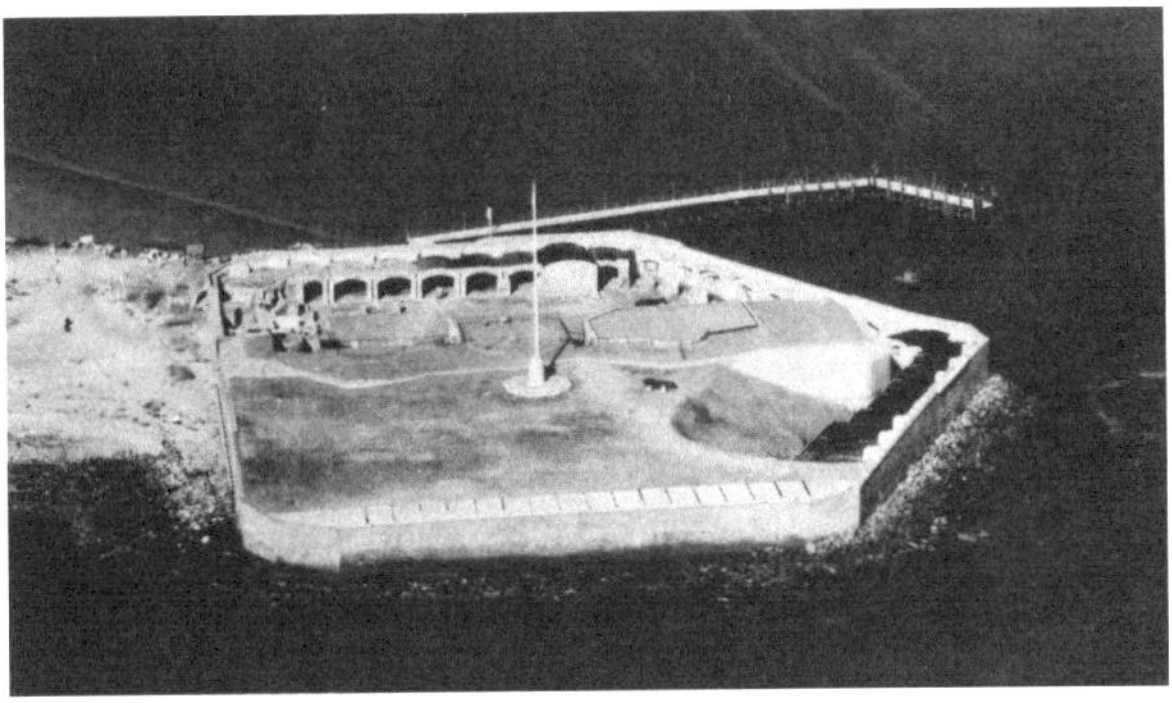

サムター要塞

ことがあったとしても、それが我々の愛情の絆を切ってはなりません。我が国のあらゆる戦場と愛国者の墓とこの広大な国土に住むすべての人の心と家庭とを結んでいる神秘な絃は、必ずや時が来て、我々の本性にひそむよりよき天使の手によって再び奏でられる時、その時には連邦《ユニオン》の合唱が高鳴ることでありましょう。

この演説のあとリンカンは合衆国大統領としての宣誓をした。それをとり行ったのは、四年前にドレッド＝スコット事件の判決を下したトーニー連邦最高裁判所長官であった。

❖放置か補給か

大統領となったばかりのリンカンは、南部の分離勢力を過少評価していたようである。すでに南部連合国が出現している時点でも、平和的手段で連邦統一が維持される可能性があると彼は考えていたようである。ナショナリストの彼は、南部人の多くもやはり自分と同じような連邦崇拝者だと考えていた。しかし、彼の見方が甘かったことは、その後連続して起こった事件が雄弁に物語っている。いかに宥和的に見えようと、連邦の破壊を認めない勢力と連邦からの離脱を願う勢力の間で、事態は急速に破局に向かって進行したのである。

こうした危機の中で、新大統領リンカンが決定しなければならないことは無数にあった。その中でももっとも重大な問題は、サムター要塞をどうするかということであった。

サムター要塞は、サウスカロライナ州チャールストン港の入口にある連邦の要塞である。一八六〇年一二月二〇日サウスカロライナが連邦脱退を決議すると、同州知事フランシス＝ピッケンスはワシントンの連邦政府に対し、サムター要塞および州内の連邦財産一切を州の所有に移すこと、同要塞から連邦守備隊を撤退させることなどを要求した。ブキャナン大統領はこれらの要求を拒否し、同時に南部との妥協を図った。しかしリンカンや共和党の反対によってその妥協案が実らなかったことは前に触れた通りである。ブキャナンは民間の汽船「西部の星」号で物資や増援部隊を送ったが、チャールストン港内で南部側に発砲され、目的は達せられなかった。やがて南部連合国が組織されると、大統領のジェファソン＝デイヴィスは、三月三日工兵隊指揮官ボーレガード将軍を派遣してチャールストン港の防備体制を固くさせた。リンカンが大統領に就任したのが三月四日である。彼が大統領としての仕事を始めたばかりの頃は、チャールストン港に沿って南部連合の砲が並び、要塞救援は急速に難しくなりつつあったのである。

三月九日、リンカンは軍首脳部も加えて閣議を開き、サムター問題を討議した。参謀総長ウインフィールド＝スコット将軍は、要塞の食料が残り二八日分しかなく、南軍海岸防備の強化の状況からして補給は不可能であろうし、補給を強行すれば烈しい戦闘が起こるだろうという意見を述べた。他の者の意見は分かれて結論はとうとう出なかった。三月一五日にも、また二九日にもリンカンは閣議でサムター問題を諮った。しかしいずれの場合にも明確な結論は出てこなかった。

このように新政府が議論に時を費している間に、一二月以来全国民の注目を浴びていたサムター要塞は、南北対立の象徴になっていたのであった。要塞そのものは戦略的にはそう重要ではなかった。しかし連邦政府がこれをこのまま放置し、南軍の手中に渡せば、南部連合国側の士気は大いに上がるであろう。一方この要塞に物資の補給をあえて行えば、連邦を維持しようとする大統領の決意を示すことにはなるが、それは現実に戦闘をひき起こして、平和的解決を不可能にしてしまうであろう。それだけではなく、下手に補給して戦闘を起こせば、すでに分離している七州だけではなく、他の南部諸州をも怒らせて分離に踏み切らせることになるかも知れない。とくにヴァージニア、メリーランドが分離すれば、首都ワシントンは南部連合の中に孤立することになってしまう。

❖シュワード覚え書

リンカンはなかなか動かなかった。彼はあらゆる事態を予測して慎重に考えなければならず、迂闊《うかつ》な行動はできなかった。この決断力のなさを不満として国務長官シュワードは、四月一日突然異常な行動に出た。もともとシュワードはリンカンを無能で「今日の難局に対処し得る器ではない」と考えていたが、リンカン政権発足後、彼はひそかに南部連合の機関と間接的に連絡を取って、連邦側に南部と妥協する意志があり、サムター要塞は放棄することになろうと、勝手に伝えたり、サムター要塞と同じく孤立しているフロリダのピケンズ要塞の救援計画を立てたりしていたのであった。このシュワードが四月一日リンカンに、「大統領が考慮すべき若干の意見」と題する覚え書を提出したのであった。

この覚え書は、発足以来一か月を経過しても現政権が明確な政策を持っていないと論じた後、国内政策では問題を奴隷制是非という政党間の問題から連邦か分裂かという国家的問題に切りかえた方が戦術的に望ましいこと、サムターは放棄し、一方南部の他の連邦要塞、財産は維持することを述べた。さらに続けて驚くべきことに、南北間の対立を解消するためアメリカはヨーロッパとの戦争を起こすことを提案し、最後にこういっているのである。

いかなる政策を取るにしろ精力的に行わなければならぬ。そのため誰かがつねに政策を遂行し、指揮すべきである。大統領自身がその任に当たり、つねに積極的に政策を進めるか、さもなければ閣僚の誰かにその任を委ねるべきである。ひとたび政策が決まれば議論を打ち切り、誰もがそれに従わねばならぬ。これは私の特別の領域ではないが、私は回避するわけではないし、また特別に買って出るものでもない。

国内の対立を不当な対外戦争によって癒《いや》すことを提案したり、大統領のかわりに国家の指導者としての責任を取る意志のあることを表明したりしたこの常軌を逸するシュワードの覚え書に対し、リンカンは直ちに返事を書いた。政府の政策は明らかに連邦維持である。就任演説でもいっているように、政府に属する財産と場所を「保護し、占有し、所有する」ことがその具体的目的であって、サムター要塞を放棄しない点を除けば国内政策でシュワードと異なることはほとんどない。対外政策については大統領たる自分がこれを行う。自分は閣僚全員の助言を受けて政府を指揮して行くつもりだ、といったのである。

この返答は政治家としてのリンカンの秀れた返答であった。おだやかで、しかも断固としたこの返答によって、有能な閣僚シュワードを失うことなく、大統領としての権威とリーダーシップを確立したのである。これ以後シュワードはリンカンを尊敬するようになったという。

❖戦争はすぐ終わる

シュワード覚え書事件がリンカンの大統領としての決断力にどれだけの影響を与えたかは判らない。しかし四月六日彼はサムター、ピケンズ両要塞に食料だけを補給する救援隊の出発を命令し、同時にサウスカロライナ州にその旨を通告した。彼はこの決定を閣僚七人のうち五人、そして軍当局も反対したにもかかわらず行ったのである。

リンカンの決定はサウスカロライナ州から南部連合政府に伝えられた。シュワードらからリンカン政府は結局サムター要塞を放棄するという印象を与えられていた南部連合政府は、これをリンカンの背信行為とみなし、要塞引き渡しを要塞守備隊に要求するよう、チャールストンのボーレガード将軍に命令した。四月一一日要塞守備隊長アンダーソン大佐はボーレガードの要求を拒否したが、同時に彼は、この時要塞の食料はもはや数日ももたないことを南部側に知らせている。この際の南北のやり取りを見ると、双方とも最初の砲火は開かないと強調していることが判る。しかし一二日早朝連邦救援隊がチャールストン港沖に姿を現わすと、午前四時半ついに南軍は要塞砲撃を開始し、三六時間の砲撃戦の後、弾薬のほとんど尽きたアンダーソンは南軍に降伏したのである。これが南北戦争の始まりである。

リンカンはサムター要塞救援に踏み切った時、当然それが現実の戦争開始につながることを

南北戦争初期の兵士たち

予想した筈である。食料だけの救援隊がチャールストン港にはいった場合、南軍が発砲しない可能性もあったかもしれない。しかしサムター要塞をめぐる当時の状況を見れば、救援隊の入港が戦争につながる可能性の方がはるかに大きかった。リンカンはぎりぎり連邦の維持のためにはぎりぎり戦争となっても止むを得ないと考えたのである。そしてもし戦争になるならば、できるだけ有利な条件で始める、つまり南部に最初に発砲させるということをひそかに望んでいたかもしれなかった。事実、リンカンは、この年の七月に友人に向かい、「救援計画は成功だった。サムターは攻撃され、陥落し、かえって役に立った」といっているのである。

リンカンが間違えたのは、連邦統一のために戦争となったとしても、その戦争が短期間で連邦の勝利に終わると考えたことであり、連邦からの分離、独立を望む南部人の意志がそれほどは強くないと考えていたことであった。サムター要塞が南軍の武力の前に降伏すると、リンカンは即日七五、〇〇〇の志願兵を三か月間の期限で募集し、かつ七月四日に臨時議会を開催する布告を発した。志願兵募集に対する北部の反応はすばらしく、間もなく予定以上の志願者が押しかけたのであるが、当時は誰もが、戦争はすぐ終わるであろう、北部が本格的に軍事攻勢に出ればごく少数の奴隷所有者たちの反乱はすぐに鎮圧されるであろうと考えたのであった。リンカンは戦争の前途を楽観視していた。志願兵の兵役期間をわずか三か月に限ったのがそれを雄弁に物語っていた。かれにはこの戦争の規模がどれだけのものになるか、どれだけ悲惨なものになるか、正確に予想することができなかったのである。

❖南部連合国の力

リンカンが志願兵を募集すると、その二日後それまで脱退を躊躇《ちゅうちょ》していたヴァージニアが脱退し、五月六日にはアーカンソー、二一日にノースカロライナが、六月八日にはテネシーがそれぞれ連邦を脱退して南部連合国に参加した。これで南部連合国は一一州となり、首都をリッチモンドに移した。

この南部連合国は、奴隷所有を保護するなどの特徴があるとはいえ、連邦憲法によく似た憲法を有し、それに基づいて政府が設立されていた。また相当な軍備を持ち、とりわけ秀れた軍人に恵まれ、なおかつ政治的、社会的にも一応の安定を保っていたのである。注目すべきことは、戦争に突入した時この南部連合国が、リンカンらの予想を上まわる強いナショナリズムを見せたということである。戦争中の北部が、南部びいきの民主党員、徴兵に反対する貧しい労働者らの戦争反対などで、しばしば結束を乱しがちであったのに対し、南部では貧しい小農民の多いアパラチア山地を除いて、戦争反対の声はそう強くなかった。長い奴隷論争を通じて南部のあらゆる階層の北部に対する反感は根強いものになっていたし、プランテーションを中心にその周辺の小農民を含める封建的な社会単位も、あらゆる階層の結束を固いものにしていたのであろう。このような点を見る時、ナショナリズムの感情を含めて、南部連合国は名実

ジェファソン=デイヴィス

共に国家の体裁を整えていたといってよい。

　リンカンはさきに触れたように、南部の結束、連邦からの独立に対する南部人の熱意を過小評価していた。言葉をかえていえば、彼は南部の連邦主義者、反独立派の力を過大に評価していたのである。しかし南部連合国の大統領デイヴィスは、議会に対する最初の教書で、南部が北部の経済的圧迫や干渉に苦しめられた歴史を説明し、南部の望みは他に干渉されない独立の存在となることだけであると主張している。奴隷制度維持にはあまり重点をおかずに、ただ独立さえできればそれでよいというデイヴィスの主張は、戦争を通じて何回も繰り返されたのであった。リンカンはこういう南部の独立への希望がいかに強いかを、間もなく南軍の頑強な抵抗を通じ、身にしみて知ることになるのである。

　しかし戦争遂行能力では北部がきわめて有利であった。北部二三州の人口は二千二〇〇万、これに対し南部一一州は九〇〇万、その中には兵力としては期待できない黒人奴隷が三五〇万いた。北部は合衆国工場の八〇パーセントと鉱業資源の大部分を所有し、鉄道の総マイル数、食料生産でも南部を圧倒していた。銀行預金では三対一で北部が優っていた。このような圧倒的な物質面における北部の優勢は、南北戦争が長期にわたる近代的総合戦の様相を呈してくるにつれて、北部の勝利に決定的な役割を果たしたのである。

　物質的に劣勢な南部が五年にわたってよく戦った理由の一つは、南部が持つ軍事的伝統で

ジャクソン

あった。南部は、ロバート＝リーや、途中戦死した「石の壁《ストーン＝ウォール》」ジャクソンのような卓越した軍人に恵まれていた。リーは南部の連邦脱退には賛成ではなかったが、自分の愛するヴァージニア州と運命をともにして南部連合に身を投じた。勇猛で冷静な天才的戦術家の彼は、ワシントンとリッチモンド間の戦線でつぎつぎに北軍を撃破し、北部人の恐怖の的となった。南部の軍人が野戦における戦術に長じていたとすれば、北部にはU・S・グラントやシャーマンのような総合戦に長じた将軍が出た。しかし彼らがとくに活躍するのは、戦争が後半にはいってからである。

南部がよく戦ったもう一つの理由は、南部が戦略的に防御の立場にあり、主として自領土内で戦ったことであった。独立を望む南部に必要なのは国土の防衛であった。南部連合の立場は独立戦争の時のアメリカ植民地軍と同じであった。北部に抵抗し続け、北部が戦いに飽き、外国が南部連合国の独立を承認し、そして戦争に干渉することに望みを託して戦ったのである。これに反し、北部は連邦の統一を回復するためには南部に進入し、南部を軍事的に屈服させ、占領しなければならなかった。そのため北部は南部よりはるかに大きな軍隊と、長い補給線、生産力を持っていなければならなかったのである。

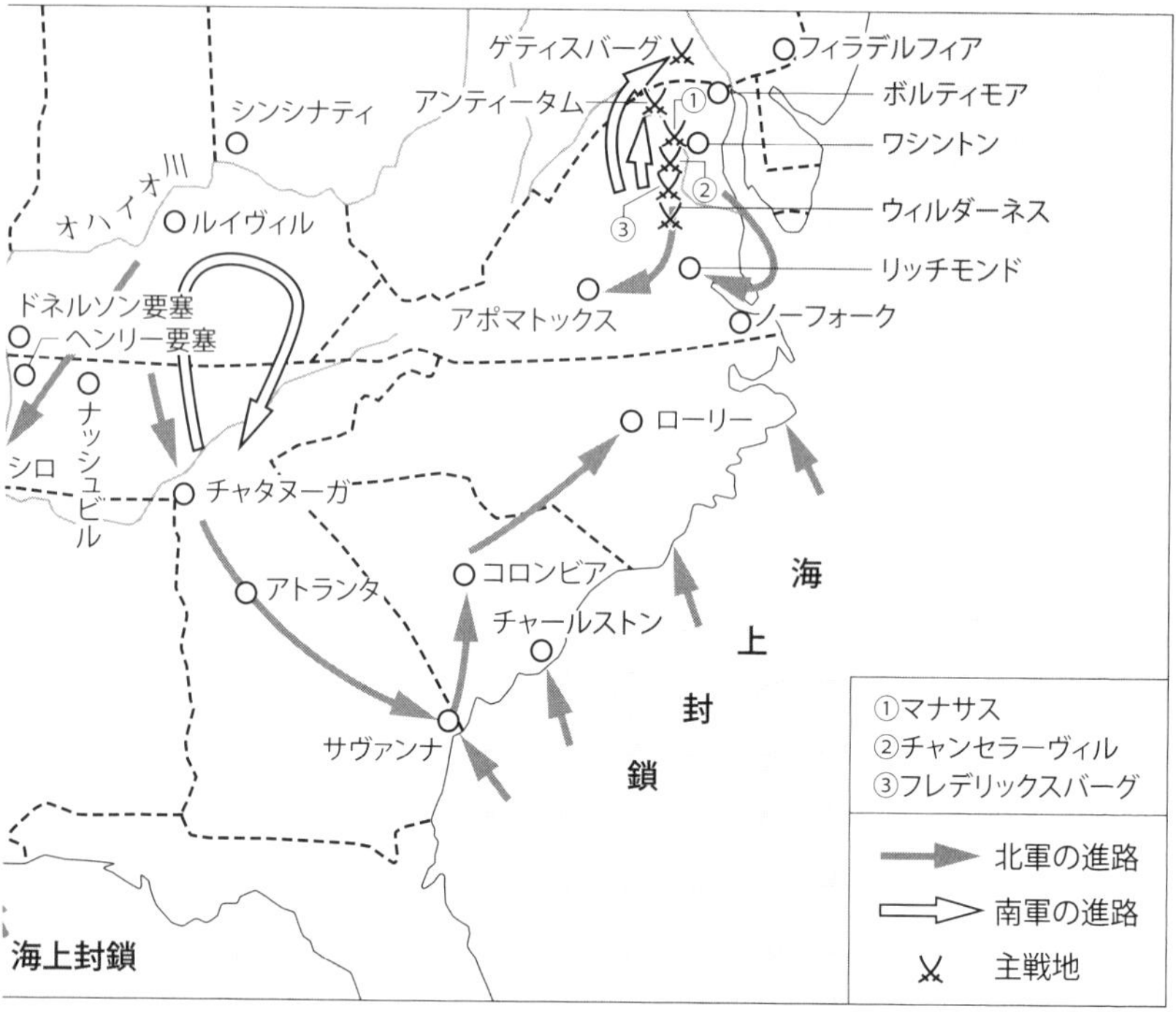

南北戦争主要戦略図

❖ワシントンの危機

連邦の危機はリンカンが四月一五日七万五〇〇〇の志願兵を募集した直後に起こった。一七日ヴァージニア州議会が連邦脱退を決定し、南部連合軍が同州にはいってきた。同じ日ヴァージニア民兵がハーパーズ‐フェリーに向かい、結局ここを占領した。一八日ワシントン市街を見下すアーリントン‐ハイツの邸宅に住んでいたリーが、リンカンの希望やスコット将軍の説得にもかかわらず、連邦軍への参加を断った。ノーフォークの連邦海軍工廠《こうしょう》は、ヴァージニアを撤退する連邦軍の手で焼かれた。

ワシントンは南軍の前に無防備となっ

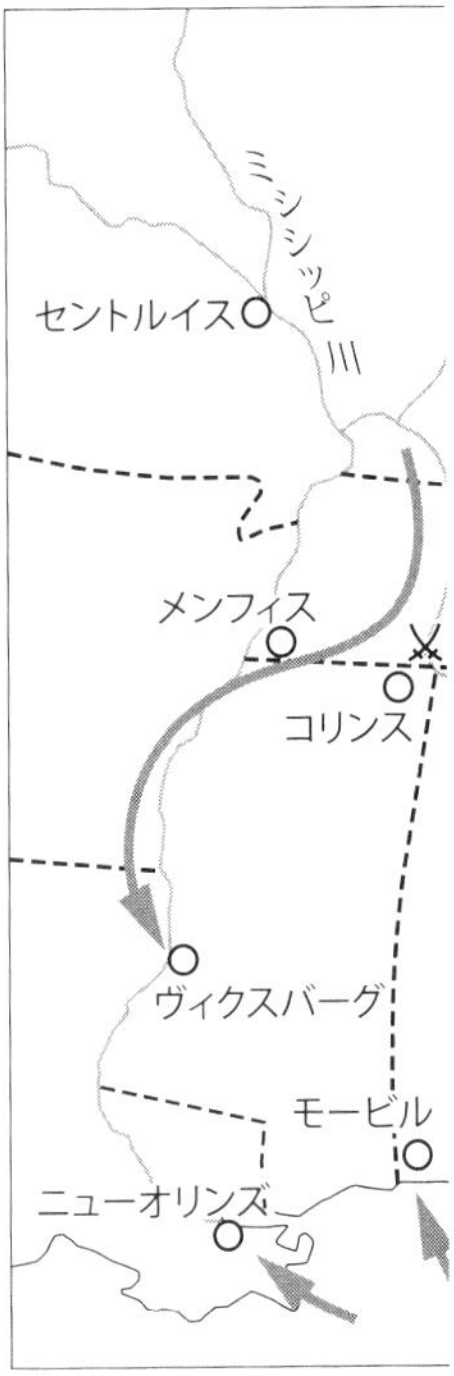

た。ワシントンと北部を結ぶたった一本の鉄道はボルティモアを通っていた。もしメリーランドが南部連合に加われば、ワシントンは完全に孤立し、連邦の前途には暗雲が立ちこめることになる。ワシントンを守るべき軍隊もまるでなかった。当時の常備軍一万六〇〇〇は西部フロンティア防衛のため散在していた。南部派の強いボルティモアを約一〇〇〇人の第六マサチューセッツ連隊を乗せた列車が南部びいきの暴徒の妨害を排除して通過したのが、一九日、それ以後ワシントンは孤立してしまった。二五日になってようやく北部各州の部隊が船でアナポリスに着き、それから鉄道でワシントンに到着し始めた。二七日にはワシントンの連邦軍隊はやっと一万になった。その間メリーランドの連邦脱退を防ぐため、リンカンはあらゆる政治工作をした。加えて北部諸州の南部弾圧の決意が固くなるにつれて、メリーランド内の連邦脱退派はしだいに衰えた。ボルティモアを通る鉄道が再開したのは五月中旬である。

　こうしてまずワシントンの安全が一時的に確保されると、リンカンは軍隊の集結、戦争体制の整備に力を入れていった。

　南北戦争は地理的に五つの局面に分けられる。第一は、四月一九日の大統領宣言によって実行され、時が経つにつれて効果をあげた南部海上封鎖、第二はリッチモンドとワシントンをめぐる東部の攻防戦、第三はミシシッピ川を確保し、南部を東西に分断する戦い、第四にミシシッピ川西の戦い、そして第五に、テネシーからジョージア、そして北上してリッチモンドへと南部の中心地域に進入する戦いである。とりわけ第二の東部攻防戦は、戦争の一年目からもっとも激しい戦闘が続いた。

❖ブルランの戦い

ワシントン周辺の連邦軍隊が増強されるにつれ、南部の軍事力を認識していない北部では、しだいに南部の首都リッチモンド占領を叫ぶようになった。グリーリーの「ニューヨーク-トリビューン」紙は、「リッチモンドへ進め《オン-トゥー-リッチモンド》」をスローガンにした。新聞に煽られた民衆は、敵首都に一撃を加えれば平和はすぐ来ると思い込んでしまった。当時七五歳の連邦軍司令官スコットや閣僚の何人かは、封鎖作戦を厳重にすればやがて南部は降伏すると主張したが、政治的に世論の動きを考慮したリンカンは、六月二六日マナサス-ジャンクションに集結している南軍を攻撃し、さらにリッチモンドへ進撃するよう連邦軍に命令したのである。

この攻撃が実行される一七日前の七月四日、南部議員席に空席の目立つ中で特別議会が開かれ、リンカンは特別戦争教書を議会に送った。この教書の中でリンカンは、内乱の起こった経過を説明し、戦争にかかわる様々な問題を明らかにした後、アメリカの連邦は分裂できないという考えを述べ、この戦争の目的が連邦維持にあることをはっきりと言明した。議会も決議文を通過させ、戦争目的は連邦維持であり、各州の尊厳、平等、権利を侵害することではないと宣言した。

七月一六日アーヴィン＝マクドウェル将軍の率いる約三万の連邦軍隊がマナサス－ジャンクションへ向け出発した。七月二一日、この軍隊はボーレガード将軍指揮下のほぼ同数の南軍と、ポトマック川の支流でブルランと呼ばれる川の付近で衝突した。しかし、連邦軍が反乱軍を破るのを見ようと集まっていた連邦議員や着飾ったその夫人たち、あるいは一般市民たちの目の前で、北軍は惨敗し、大混乱のうちにワシントンに向け敗走したのである。これが南北戦争最初の本格的な会戦となったいわゆる第一次のブルランの戦いである。

この惨めな敗戦は、反乱を簡単に鎮圧できると考えていたリンカンをはじめとする北部人に、この戦争がまさに容易ならないものであることを認識させることになった。事実この戦争は、リンカンも予想しなかったように、五年の長きにわたって続き、しかも巨大な軍隊、電信、鉄甲艦、潜水艦、気球、機関銃、塹壕《ざんごう》、鉄条網などを駆使する世界最初の近代的全面戦争となってしまったのである。ブルランの戦いを機に、北部はもとより南部も本格的な大戦争の準備を始めた。北部では志願兵の兵役期限が三か月から一挙に三年になった。

ブルランの敗戦がいかに北部に衝撃を与えたかは、すぐ南部に降伏しろと主張する人々さえ現われたことからも判る。グリーリーは休戦を提案した。しかしリンカンはこの混乱の中でこれからなすべき南部との戦いを考えていた。彼は七月二七日までに「軍事政策覚え書」を記し、今後の戦略の基本線をつくった。現在の陣地を確保し、南部海岸の封鎖を強化し、三か月の志願兵を長期の兵と交代させ、そのあとでヴァージニア、東テネシーの連邦に忠誠な地域、そしてはるか南西のミシシッピ川流域に同時に遠征軍を送るというこの覚え書は、その後の戦争の経過からみても、リンカンが軍事面でも秀れた才能を持っていたことを示すものであった。

❖苦戦は続く

リンカンはマクドウェルを罷免し、三四歳という若い才能あるジョージ＝マクレランを南部進攻軍の司令官に、さらに一一月一日には、老齢のスコット将軍が最高司令官を辞任すると、その後任に任命した。

軍隊編成と訓練に秀れた能力を持つマクレランは、秋から冬にかけて一〇万に達する巨大な連邦軍を組織したが、慎重すぎる彼は、リンカンの命令にできるだけ抵抗し、なかなか行動に移ろうとしなかった。ようやく彼が進撃を開始したのが六二年の春三月、それもリンカンのリッチモンド正面攻撃の期待を裏切り、水路ヨークタウンに出てリッチモンドに迫る迂回《うかい》作戦に出たため、ワシントンの北西部はがら空きになってしまった。しかも南軍のジャクソンが北軍を索制して北上したため、リンカンは首都防衛のために相当の軍隊をさかなければならなかった。五月中旬リッチモンドの近くまで迫ったマクレランの軍は、五月三一日ジョンストン将軍の南軍に攻撃され、ついで六月二五日から七日間負傷したジョンストンの後を継いだリーの軍に攻撃され、ついにジェイムズ川に向かって後退した。これがいわゆる半島作戦であった。

七月八日リンカンは敗北した軍隊を見舞い、翌日ワシントンに帰るとマクレランにかえてヘンリー＝ハレックを最高司令官に任命し、東部戦線主力の責任者にジョン＝ポープ将軍をあてた。しかしポープも駄目であった。リーは八月二九日から翌日にかけて、いわゆる「第二次のブルランの戦い」でポープを敗北させた。九月二日、マクレランが再び指揮をとることになった。

マクレラン

リーはそのまま北上してメリーランドに侵入した。南部への同情者の多いメリーランドを立ち上がらせて南部に参加させ、ワシントンを孤立化して占領しようという目的である。反撃を命じられたマクレランは、のろのろとこれを追い、九月一七日両軍はハーパーズ＝フェリー近く、ポトマック川支流アンティータム＝クリーク沿いで衝突、南北戦争でもっとも血なまぐさい戦闘を展開した後、リーをヴァージニアに後退させた。この戦いの両軍勢力は合計八万六〇〇〇、そのうち死傷者は南北合わせて二万五〇〇〇にのぼった。

マクレランにとってはこれは、リーを追撃するチャンスであったが、彼は動かなかった。一〇月一日リンカンはアンティータムの司令部にマクレランをたずね、行動をうながしたが無駄であった。リンカンの忍耐にも限度があった。一一月五日、彼はマクレランを解任し、マングローズ＝バーンサイド将軍をあてた。バーンサイドは一一万の軍を率いてゆっくりとヴァージニアに進入し、フレデリックスバーグの高地に塹壕を掘って待ち構えるリーの軍と一二月一三日衝突し、一万三〇〇〇の死傷者を出して破れた。そこでバーンサイドは辞任した。

このように六一年から六二年にかけ、北部にとってもっとも重要な東部戦線では、リーの前に北軍は苦戦を続けた。リンカン政府は無能だという声が急激に高まった。この声は、六二年、リンカンが人身保護令を停止する権能を要求したり、さらに連邦に反対する者を軍事裁判にかけることも宣言したために、さらに強くなった。それゆえ六二年の中間選挙では、あらゆる党派がリンカン政府に不満であったといってよく、民主党の強い巻き返しが目立ったのである。連邦上院の共和党幹部は、選挙の結果を国民のリンカン政府に対する信頼の欠如とみて、閣僚交代を要求したが、リンカンはこれに応じなかった。

こういう苦しい軍事的、政治的情勢に加え、六二年一月にリンカンの息子ウィリーが発病し、二月二〇日ついに死んだため、リンカンを悲嘆のどん底につきおとした。当時のリンカンは、もちまえのユーモアが消え、例の憂鬱症が強く出たという。

❖ミシシッピ川制圧

こういう中で連邦の将来にわずかながら光を投げかけていたのは、西部ミシシッピ川地域における連邦軍の作戦の進展であった。ワシントンやニューヨークなどから見ればはるかかなたの、ミシシッピ川、これに合流するオハイオ川、その支流のカンバーランド川とテネシー川、これらの沿岸の各地から鉄道が南部の奥深くに通じていた。西部戦線の目的は、南部連合軍が要塞を築いて守るこれらの地点をまず奪うことであった。

リンカンの命令がなかなか守られなかった東部戦線と異なり、西部では意欲的に作戦が進められた。主な司令官はハレック将軍の下で活躍していたグラントである。作戦は六二年初め開始され、二月六日にテネシー川岸のフォート・ヘンリーが、一六日にはカンバーランド川のフォート・ドネルソンが陥落した。これらの要塞の占領は直ちにテネシーの州都ナッシュヴィルの占領につながった。ミシシッピ川の一〇号アイランドは四月に占領された。その六、七日の二日間、テネシー州南西、ミシシッピ川境のシロで、南北両軍計約一〇万が戦闘をまじえ、二万の死傷者を出した後、南軍はコリンスに退いた。そのコリンスも、さらにその両ミシシッピ川沿いのメンフィスも北軍の占領するところとなった。一方連邦海軍はミシシッピ川河口より北上し、シロの戦いが終わって間もなく、ニューオーリンズを占領した。こうして六二年四月には連邦は堅固な要塞ヴィックスバーグ付近を除いてミシシッピ川のほとんどを支配するに至ったのである。ヴィックスバーグが落ちるのは六三年七月である。

「奴隷解放の父」

❖「トレント号」事件

大統領となる前のリンカンは、弁護士や党人政治家としての経歴を積んでいただけであった。その彼が大統領就任とともに戦争指揮という未経験の問題に直面したのであった。しかし彼が全くはじめて直面し、重大な決定を下さなければならなかったのは軍事面だけではなかった。外交、内政、軍事とからみ合った多くの問題がつぎつぎに現われたのである。

南北戦争が始まった時南部の指導者たちが考えたことは、ヨーロッパ、とくにイギリスは南部の棉花を必要とするからすぐに南部の独立を承認し、さらには戦争に干渉し、それが南部独立への道を開くだろう、ということであった。リンカン政府が心配したのもそれであった。それゆえ、南部はいかにしてヨーロッパ諸国から承認されるか、北部はいかにしてそれを防ぐかが、南北戦争における外交の焦点となったのである。

はじめ情勢は南部にとってかなり有望と思われた。イギリスのトーリー党保守政権ははじめから南部に同情的であった。イギリスは厖大《ぼうだい》なストックとインド・エジプトからの輸入で、南部が考えたほどには、棉花に困らなかったとはいえ、南部棉花はイギリス紡績業にはやはり必要であった。上流階級は南部に親しみを感じていた。自由貿易を主張する人々は、高関税政策支持の北部には好意を寄せなかった。また戦争初期には、イギリス人の多くは南北戦争を自然権である南部の革命権を北部が弾圧している戦争と考えていた。労働者階級さえ、戦争の最大の目的は連邦統一の維持であって、奴隷制への干渉ではない、というリンカンの考えに当惑していたのであった。

リンカンは外交手腕に秀れたチャールズ＝フランシス＝アダムズを駐英大使としてイギリスに送ったが、イギリスはアダムズがロンドンに着いたその日に南部連合国を交戦国として認め、中立を宣言した。南部連合はイギリスが正式に南部を独立国として認めなかったことに不満であったが、一方北部はこれが南部連合の承認につながるのではないかと心配した。八月になって南部連合政府は二人の外交官をイギリスとフランスに派遣した。ところがハバナから彼らを乗せたイギリス郵便船トレント号は、サウザンプトンに向かう途中、一一月八日連邦軍艦により公海上で強制停止され、二人の外交官が逮捕されたのである。

東部戦線の暗い時期に南部連合の外交官を逮捕したことは、北部を歓喜させた。下院はトレント号を停めた連邦艦の艦長に金メダルを贈ることを決議した。一方、イギリスは明らかに中立を破るこの事件に激怒し、釈放要求とともに、リンカン政府に圧力をかけるため八〇〇〇の軍をカナダに送り込んだ。

リンカンはすぐに事の重大さを理解した。アメリカは謝罪する必要がある。しかしそうすれば熱狂的とまでなっている北部民衆の不満を生む心配もあった。彼は冷却期間をおいて二人の南部連合使節を釈放することにした。一二月の議会に送った教書でも彼はこの重大な事件について一言も触れなかった。対英妥協を嫌うシュワードの意見も抑えた。そして外交断絶をほのめかしたイギリスの最終的釈放要求がくると、ようやく六二年一月一日二人を釈放したのである。

イギリスとの最初の外交危機はこうして回避されたが、危機はそれで終わったわけではなかった。六二年の春には、南部連合の注文でイギリスの会社が建造した通商破壊船アラバマ号とフロリダ号がイギリスを出発していたし、さらに強力な衝角を備えた鉄甲艦が南部のためにイギリスで建造されようとしていた。それよりも六二年八月のブルランの戦いを機に北部劣勢と考えたイギリス政府が、フランスと協力し、南部承認を前提条件として南北戦争の強制調停に当たたろうという動きをはっきり示したことであった。この頃がリンカン政府の最大の外交的危機であった。リンカン政府はイギリスに抗議を重ねた。しかしこの危機を切り抜けさせたのは、アンティータムの戦いと南軍の後退、そしてリンカンの有名な「奴隷解放宣言」である。

❖「奴隷解放の父」の実像

リンカンはよく「奴隷解放の父」といわれる。「奴隷解放の父」という言葉は、しばしば南北戦争が奴隷解放のための戦争であり、リンカンがその指導者であった、という考えとすぐ結びついてしまう。しかし、「奴隷解放の父」という言葉が暗示するリンカンと実際の彼とはかなり違うのである。

奴隷制度は道徳的に悪であるが、奴隷制が現存する州に連邦は干渉できない。最善の方法は奴隷制度の拡大を防ぎ、これを封じ込めることである。これがダグラスと論じ合った時のリンカンの基本的な考え方であった。大統領に当選し、四か月間次期大統領であった頃、彼が奴隷制拡大を含めた南部との妥協を頑として拒否し、一方大統領に就任してからは戦争が始まるまで、南部に対し、既存の奴隷制度に干渉するつもりはないと宣言したことは、すでに見た通りである。強烈なナショナリストのリンカンにとって、南北戦争の目的はまさに連邦の分裂を防ぐことであり、奴隷制度への干渉を意味する奴隷の解放ではなかったのである。

六一年の八月末、リンカンは新聞を読んで驚いた。五八年大統領選挙の際の共和党大統領候補で、リンカンが西部戦線の司令官に任命していたジョン＝フレモントが、誰にも相談せず、ミズーリ州において連邦に武力で反抗する者の奴隷をすべて解放するという布告を出した、というのである。既存の奴隷制度に干渉しないことを原則とし、しかも奴隷州でありながら連邦に留っていた境界諸州の動きに神経を使っていたリンカンには、これはきわめて不愉快な記事であった。彼はすぐにフレモントの布告を取り消した。前線司令官の出した奴隷解放令を即座に取り消した大統領が、北部の奴隷制即時廃止論者たちから痛烈な非難の的になったことは言うまでもない。当時奴隷制即時廃止論者たちは、奴隷の即時解放を要求し、南北戦争を奴隷解放のための聖戦にしようと宣伝し、しだいにその効果をあげつつあった時であったから、リンカンの奴隷解放拒否のこの態度はことさら反感を呼んだのである。その年の一一月、スコット将軍にかわってマクレランを最高司令官に任命した際に、リンカンはフレモントを西部戦線司令官の地位から解任した。一二月三日の年次教書の中でも、リンカンは奴隷問題には直接触れなかった。

その同じ一二月、今度は陸軍長官のキャメロンが、共和党内急進派の影響を受けてであろうが、政府は奴隷を武装させ、彼らを煽動して奴隷所有者に抵抗させるべきだという勧告のはいった年次報告を新聞に発表しようとした。リンカンは急挙それを回収させ、一月キャメロンをロシア大使に任じ、後任にエドウィン＝スタントンをあてた。

❖「奴隷解放宣言」

しかし、いかにリンカンが奴隷問題で慎重、かつ現実的であろうと、開戦前の南北の奴隷問題をめぐる感情的な対立を見れば、奴隷解放をこの戦争によって一挙に行おうという気持が北部に拡がっていたのは当り前であった。連邦議会も六二年春には、准州における奴隷制禁止、コロンビア地区での有償による奴隷制廃止を決めた法を成立させていた。

リンカンはこういう世論の動向、南部を承認しようというヨーロッパ諸国の動きなどから見て、連邦統一の戦争を進めるためには奴隷の解放が必要と考えるようになり、具体的な政策を考えていた。もちろん境界州のことはつねに考慮しなければならなかった。

急激な変化を嫌うリンカンは、漸進的奴隷解放策を考えた。奴隷全部を一挙にではなく、漸次的に自由にし、所有者には税金をもって補償する、そして可能ならば自由になった黒人を海外に定住させるというものであった。六二年三月六日リンカンは議会に特別教書を送り、奴隷制を漸次廃止する州に財政的援助を与えるよう要請した。提案の現実性を強調するため、彼は境界四州とコロンビア地区の奴隷一人につき四〇〇ドルを支払うとしても、総費用は八七日分の戦費に相当するだけであるといっている。

ではリンカンは奴隷全部の解放にどれだけの時が必要と考えたのだろうか。これは、その年の一二月一日議会へ送った教書で明らかになるのであるが、最終目標はなんと一九〇〇年一月一日である。これを知る時、我々はリンカンの息の長さに驚くとともに、南北戦争当時アメリカが世界の中でも奴隷をまだ解放していない数少ない国の一つであることを考えて、一種のとまどいを感じるのである。

六二年五月七日、西部で作戦中のデイヴィッド＝ハンター将軍が、以前フレモントが出したと同じような布告を占領地で出した。リンカンはすぐこれを取り消した。しかしこの頃になるとその取り消しの言葉はフレモントの場合のように調子の強いものではなくなっていた。七月上旬、リンカンは境界諸州からの上下両院議員を集め、彼の漸進的奴隷解放案を受け入れるよう説得したが、彼らはこれを拒否した。リンカンが新しい奴隷解放の案を考えようと決意したのはまさにこの頃であったらしい。ウェルズ海軍長官の日記によれば、七月一三日にスタントン陸軍長官の子供の葬儀があり、この時リンカンが同席のウェルズとシュワードに向かい、自分は軍事上必要な措置として奴隷を解放しなければならないという結論に達したといったという。それまでのリンカンは、奴隷の全面的解放を論ずることさえ拒んでいたのである。

それから九日後の二二日、彼は閣議において奴隷解放の草案を読みあげ、「奴隷解放宣言」を出す決意を披瀝した。それはまず第一条において連邦の統一が目的であると述べたあと、第三条で、「一八六三年一月一日に、合衆国に対し反乱の状態にある州あるいは州の指定地域の中に奴隷として所有されているすべての人々を、その日直ちに、またそれより以後永久に自由とする」と宣言している。反乱諸州の奴隷だけを対象としたこの「奴隷解放宣言」は、秀れた政治的文書であった。すなわち境界諸州の反感を買うことなく、南部諸州に有形無形の打撃を与えることができるからである。閣僚からは反対は出なかったが、シュワードだけは、戦局不振のこの時に出せば、苦しい連邦政府の捨てばちの手段と思われるから、戦況の好転した時を待った方がよいと述べ、リンカンもこれに同意し、機会を待ったのである。

❖「二〇〇〇万人の祈り」に答える

八月一四日、偶然であろうが、リンカンが「奴隷解放宣言」の時期を待っているちょうどその時、彼の人種観を見事に示すような場面が生まれた。この日彼はアメリカ大統領としては史上はじめて黒人だけのグループと会見してスピーチをしたのであった。その中で彼は、黒人と白人の違いは著しく、両人種が一緒に住んでいるとお互いに不幸となる。例えば黒人がいなければこの戦争もなかったであろう。それゆえ両人種は別れて生活した方がよい。政府は黒人の海外移住を助けると述べたのであった。出席者の一人がひそかにメモしていたというこのリンカンの発言は、第二次大戦後の公民権運動に反対する南部の白人市民会議が、リンカンも人種分離主義者《セグリゲイショニスト》であったとして、数多く利用した有名な文章である。

一方リンカンの奴隷解放の決意を知らない奴隷制廃止論者たちは、奴隷の即時解放を要求してリンカンに圧力をかけていた。八月一九日グリーリーは「二〇〇〇万人の祈り」と題する書簡を「ニューヨーク・トリビューン」紙に載せ、奴隷の即時解放を要求した。三日後リンカンは返答を発表した。これがリンカンの連邦統一という戦争目的と奴隷制との関係を説明するものとしてしばしば引用される有名な文章である。

この戦争における私の至上の目的は、連邦を救うことである。奴隷制度を救うことでも、滅ぼすことでもない。もし奴隷を一人も自由にせずに連邦を救うことができるなら、私はそうするであろう。そしてもしすべての奴隷を自由にすることによって連邦が救えるならば、私はそうするであろう。またもし一部の奴隷を自由にし、他をそのままにしておくことによって連邦が救えるなら、そうもするであろう。

すでに「奴隷解放予備宣言」の草案が完成しながら、その暗示さえ与えずにこういうことを書くのは、いかにも徹底した政治家リンカンらしい態度である。こういう状態は、九月一三日、宗教団体の代表がやはり奴隷解放を要求してリンカンをたずねた時にも同じであった。彼は似たような返事をし、わずかに最後に、「神の意志と思われることを私はする」といって、かすかにヒントを与えているにすぎない。

リンカンが「奴隷解放予備宣言」を布告したのは、南北戦争の戦局の転機の一つ、アン

ティータムの戦いの五日後の九月二二日であった。新聞には翌々日に発表された。そして解放の予定されていた六三年一月一日午後、彼は「奴隷解放最終布告」に署名した。「私の生涯で今ほど自分が正しいことをしているという確信を感じたことはない」といいながら、彼は午前中何百という人と握手して少しふるえる手で、彼としては珍しくフルネームで署名したのであった。

❖「解放宣言」の効果

奴隷解放の予備および最終宣言の布告は、実質的な効果は少なかった。宣言の効果の及ばぬ地方の奴隷だけが自由とされ、連邦の支配下にある地域の奴隷は一人も解放されなかったからである。しかし、これらの宣言はさまざまな反響と間接的効果をみせた。南部は布告に憤激したが、布告が南部連合国内部につき刺さった針のような役割を果たしたのは明らかであった。北部では布告の

リンカン四態　右から左へ時の経過とともに並べてある。

手ぬるさに失望したり、戦争への効果を疑問視する者もいたが、大体は歓迎された。この宣言で許された黒人の連邦軍参加も活発に行われた。黒人連隊が組織され、戦争終了までに一九万近い黒人が軍隊にはいったのである。

しかし一方北部の一部には、自分たちは黒人を解放するために戦っているのではないと、リンカン政府への反感を強めた人々があったことも忘れてはならない。

もっとも目立った効果は、「奴隷解放宣言」がヨーロッパにおけるリベラルな人々を力づけ、北部の立場を有利にしたことであった。イギリスの保守的な新聞は布告を乱暴な文書として非難したが、奴隷解放が北部の政策となってしまうと、南部を簡単に承認してしまうことは不可能となったのである。

一八六二年一二月末、イギリスのマンチェスターの労働者たちが、連邦軍が人類の自由のために戦っていることに感謝する手紙をリンカンに送ってきた。リンカンは翌年一月一九日づけで返事を書き、南部棉花の不足のため苦労しているにもかかわらず、こういう手紙を送ってきた労働者の崇高なクリスチャンとしての英雄的精神に感謝した。この手紙の中で彼は、戦争の目的として連邦の維持を強調し、奴隷制についてはあまり触れていないが、その中には連邦の行動が人類共通の正義、人類愛、自由の勝利のためであるという観念がにじみ出ているのである。イリノイ平原の田舎弁護士として出発し、町から郡、州から全国へと、その視野を拡げてきたリンカンは、今やアメリカの枠を越えて自分が世界の民衆の問題に取り組んでいること、歴史の中で重要な役割を果たしつつあることを、はっきりと自覚していたのである。

VI

南北戦争その二

CIVIL WAR CENTENNIAL
GETTYSBURG
1863
1963
5c
UNITED STATES POSTAGE

ゲティスバーグのリンカン

❖ゲティスバーグの戦い

一八六三年は、連邦にとって重苦しい雰囲気のうちに明けた。フレデリックスバーグで破れたバーンサイドはすでに辞任し、リンカンは一月二六日、「闘うジョー」と渾名《あだな》されたジョセフ＝フーカーを後任にすえた。しかしこのフーカーも一回の戦闘しかできなかった。彼は大軍を率いてフレデリックスバーグ附近にいたリーの軍を包囲しようとしたが、ジャクソンの側面攻撃を受け、五月一日から四日までの戦いで一万八〇〇〇の人的損害を受けて退却したのである。このいわゆるチャンセラーズヴィルの戦いで南軍のこうむった人的損害は一万三〇〇〇、その中には戦闘中薄暮のため間違って部下に射たれて死んだ猛将ジャクソンもいた。

一方フレデリックスバーグやチャンセラーズヴィルで勝利を収めたとはいえ、南部の前途は明るくはなかった。北部との経済力の差はしだいに明瞭になりつつあったのである。食料は不足し、七月はじめリッチモンドでは食料不足から暴動が起こった。インフレも進んでいた。こういう中でリーはデイヴィスと相談して、もう一度北部へ侵入する計画を立てた。ペンシルヴェニアに侵入し、激戦地ヴァージニアを解放し、まだ戦火にさらされていない北部の都市をたたこうというのである。

六月初めリーの軍は北進を始めた。この北進は直ちにワシントンに伝わり、その阻止が試みられたが、フーカーの行動はあまりにも遅かった。リーの大軍はシェナンドー渓谷を過ぎ、ポトマック川を渡り、メリーランドへ、そしてペンシルヴェニアへとはいった。南軍はハリスバーグから砲声の聞える地点まで迫った。北部全体が大混乱におちいった。避難民が群をなして逃げ、フィラデルフィアは侵入に備えて必死の準備をした。

リンカンはこの重大な危機にフーカーを解任し、六月二八日ジョージ＝ミード将軍をポトマック軍団の司令官に任じた。ミードは急挙軍団をペンシルヴェニアに送り込んだ。

両軍は七月一日ゲティスバーグで接触し、この小さな町の郊外で三日間にわたる南北戦争中もっとも劇的な戦闘が展開された。リーはつぎからつぎへと北軍の戦列に攻撃をかけた。第一日と第二日は南軍が優勢であった。三日目、リーは正面からの大攻勢を命じた。午後一時両軍の砲撃戦が始まり、ついでジョージ＝ピケット将軍の部隊を中心とする一万五〇〇〇の灰色の制服を着た南軍兵士たちが、両軍をへだてた長い谷間を、幅一マイルにわたって整然と列をなして進んだ。これを、南軍の恐ろしい勇気に感嘆しながら待ち構えていた北軍の砲弾や銃弾がずたずたに引き裂いた。先頭の部隊がようやく北軍の最前線に到達したが、もはや勝敗は明らかであった。

五日早朝、前日から降り出した雨の中を、リーは静かに後退を開始した。ミードにとっては急追の絶好のチャンスであったが、傷ついた彼の軍にはこれを追う力はなかった。一三日リーはポトマック川を渡り、シェナンドー渓谷にはいった。リンカンは、「もう一歩で敵を掌中にとらえられたのに、自分が何をいっても、何をしても軍隊は動かない」といって歎いた。

ゲティスバーグの戦いは南北戦争の転機であった。参加兵員北軍約九万三〇〇〇、そのうち戦死三一五五、負傷一万四五二九、行方不明五三六五、計二万三〇四九、南軍の参加兵員約七万、戦死三九〇三、負傷一万八七三五、行方不明五四二五、計二万八〇六三、両軍の戦死傷・行方不明者は総計五万一一一二人といわれている。南軍は二回目の、そして最後の北部侵入をここで阻止され、これ以後本格的な攻勢をかけることはできなくなったのである。

❖西部戦線とニューヨーク暴動

ゲティスバーグで北軍が勝った翌日の七月四日、西部ではミシシッピ川の南部連合最後の拠点、ヴィックスバークがついに陥落した。グラントは三月末作戦を開始、防衛線を突破して市の東側に進出、それから四九日間の包囲ののちにこれを降伏させせたのであった。ミシシッピ川一帯がようやく連邦軍の支配下に置かれた。リンカンは、「父なる川、再びさしさわりなく海へ流れる」といった。

一方テネシーでも激戦が続き、南軍は後退した。南部の奥深い要衝テネシー州チャタヌガ防衛の南軍は、九月一九日から翌日にかけてのチカモーガの戦いで、ウィリアム＝ローズクランの北軍を破った。しかし一一月二三日から二五日にかけ、連邦軍はグラントの応援を得て南軍を各所に破ってジョージアに退却させたのであった。

ゲティスバーグやヴィックスバーグの戦いを見ると、普通ならば戦争の帰趨は大体ここで明らかになったと思われる。しかし弾薬、資金、物資の不足などに悩みながらも、南部連合国の戦争継続の決意は固かった。この時点で今日の目から見れば希望もない戦争を南部に続けさせたのは、南部人の北部に対する敵意、国土防衛の熱情もさることながら、ゲティスバーグから後退したリーの軍が追撃も受けずにヴァージニアにはいり、リッチモンド防衛にまわれたこと、この年の夏北部の各地、とりわけニューヨークで戦争反対の暴動が起こったことなどによるものである。

七月一三日から一六日にかけてのニューヨークの大暴動は、召集令を受けても政府に三〇〇ドル、あるいは身がわりを出せば入隊せずにすむという連邦法への反感から起こったものであ

徴兵反対の暴動（ニューヨーク）

る。この怒りが暴動となり、白人のなかでも貧困なグループ、とりわけてアイルランド移民たちが徴兵事務所などを焼き、店を掠奪し、さらに不満の吐け口を黒人にむけて黒人街を襲い、黒人数名をリンチにかけたのであった。リンカンは、ミードの軍の一部をゲティスバーグから急いでニューヨークにさき、暴動鎮圧に当たらせなければならなかった。

❖「未完の事業に身を捧げよう」

一一月二日リンカンは一通の案内状を受け取った。六三年一一月一九日木曜、ゲティスバーグにおいて戦没者墓地奉献の式を行うからぜひ出席し、適当な挨拶をして頂きたい、というものである。

この式典はゲティスバーグ激戦の地を国有墓地とし、戦死者の霊を弔おうという運動が地元のデイヴィッド＝ウィルズを中心におこり、各州知事の協力の下に準備が進められていたものであった。準備委員会は式典の演説を、ハーヴァード大学学長、連邦上下両院議員、国務長官、駐英大使、マサチューセッツ州知事というすばらしい経歴を持つエドワード＝エヴェレットに依頼した。エヴェレットは著名な雄弁家で、強烈な連邦主義者であったから、当日の講演者としては誰にも異存のない人物であった。

準備がかなり進んだ頃、委員の中から大統領にも簡単な挨拶を述べて貰ったらよかろうと言い出す者がいて、委員会は思いつきのようにリンカンに適当な挨拶を頼んだのである。多忙な大統領が出席できるかどうかをあやしむ声もあった中で、大統領のスピーチを期待していた者はまずなかった。しかしリンカンは予想に反して招待を受諾した。

リンカンがあの有名なゲティスバーグの演説の草稿をどこで書いたか、実際の演説の模様がどうであったかについては、いろいろな伝説がある。歴史や偉人の生涯の決定的な瞬間については、その事件の直後から伝説が生まれ易い。リンカンが旅行中の汽車の中で書いたとか、封筒の裏に書いたとか、さらにちょうどペンシルヴェニア鉄道の社長秘書で同行していたアンドリュー＝カーネギーが、その時リンカンに自分の鉛筆を提供したとかいう話があるが、これらはすべて信用できないつくり話である。すでに見たように、リンカンはイリノイの政治家であった頃から、演説には周到の準備をする人であった。今日ほぼ間違いないと思われることは、リンカンはワシントンで半分を書いて推敲《すいこう》していたこと、一八日ワシントンを汽車で発ち、ウィルズの家に泊った夜か翌朝、書き加えたり、手を入れたりしたことである。

一九日は快晴の小春日和であった。午前一一時少し前、リンカンは馬で町はずれの新しい墓地へ向かった。リンカンを先頭に各国外交官、合衆国役人、諸川知事、連邦議員、陸海軍将官、その他の名士、各種団体の列が戦場あとを通って式場に着いた。壇上にはリンカン、シュワード、エヴェレット、各国外交官、知事らが着席し、葬送歌、祈禱の後、まずエヴェレットが立った。一時間五七分にわたる大演説であった。はるか戦場にはまだ馬の屍も残り、墓地も未完成で、群衆の中にはエヴェレットの二時間近い演説にあきたり、疲れたりして、激戦の地を見に出かけてしまった者もいた。

エヴェレットの演説がやっと終わると、合唱隊が讃美歌を歌い、ついでリンカンが紹介された。リンカンは二枚の紙を持ち、眼鏡をかけて、調子の高い声で話し出した。しかし演説はあまりにも簡単であった。聴衆が大統領の顔や背の高さに気をとられている間に、写真屋が大きい機械の調節をしている間に、演説は終わってしまった。三分足らずである。時々起きた拍手も儀礼的なものに過ぎなかった。自分が歴史に残る演説を聞いているのだと感じた者は、聴衆の中にはまずいなかったであろう。またこの歴史的な決定的瞬間をとった写真は残らなかった。

八七年前、我々の父祖たちは、自由の精神にはぐくまれ、すべての人は平等に創られているという信念に献げられた新しい国家を、この大陸に打ち建てました。

現在我々は一大国内戦争のさなかにあり、これにより、この国家が、あるいはまた、このような精神にはぐくまれ、このように献げられた国家が、永続できるか否かの試錬を受けているわけであります。我々はこの戦争の一大激戦の地であい会しています。我々はこの国家が長らえるようにと、ここでその生命を投げ出した人々の、最後の安息の場所として、この戦場の一部を献げるために来たのであります。我々がこれを行うことはまことに適切であり、適当であります。

しかしさらに大きな意味において、我々はこの土地を献げることはできません――清め献げることはできません――神聖なものとすることはできません。生き残っている者と戦死した者とを問わず、ここで戦った勇敢な人々こそ、この場所を清め献げたのでありまして、我々の微力をもってしてはそれに寸毫《すんごう》の増減も企てがたいのであります。我々がここで述べることは、世界はさして注意を払わないでありましょう。また永く記憶されることもないでしょう。しかし、彼らがここでなしたことはけっして忘れられることはないのであります。ここで戦った人々がこれまでかくも立派にすすめてきた未完の事業に、ここで身を捧げるべきは、むしろ生きている我々自身であります。我々の前に残されている大事業に、ここで身を捧げるべきは、むしろ我々自身であります。それは、これらの名誉ある戦死者が最後の全力を尽して身命を捧げた偉大な主義に対して、彼らの遺志を受け継いで、我々がいっそうの献身を決意するため、これら戦死者の死を無駄に終わらしめないように我々がここで堅く決心するため、またこの国家をして、神の下に、新しく自由の誕生をなさしめるため、そして人民の、人民による、人民のための政治を地上から絶滅させないため、であります。

❖ゲティスバーグ演説の意味

この演説に対する反響はあまりかんばしくなかった。主な新聞はエヴェレットの演説全文を大々的にのせ、リンカンのそれは目立たぬように隅に、それも「大統領も挨拶した」程度の解説をつけたにすぎなかった。論説の多くは、「シカゴ・タイムズ」紙のように、多くの人が死んだのは古い体制を維持せんがためとは何事か、といった調子でこの演説をけなした。ただし共和党系の新聞はこの演説をほめた。さすがにエヴェレットは、翌日リンカンに手紙を送り、自分が二時間かかって述べたことも、あなたが二分で語ったことには及ばない、と書いている。

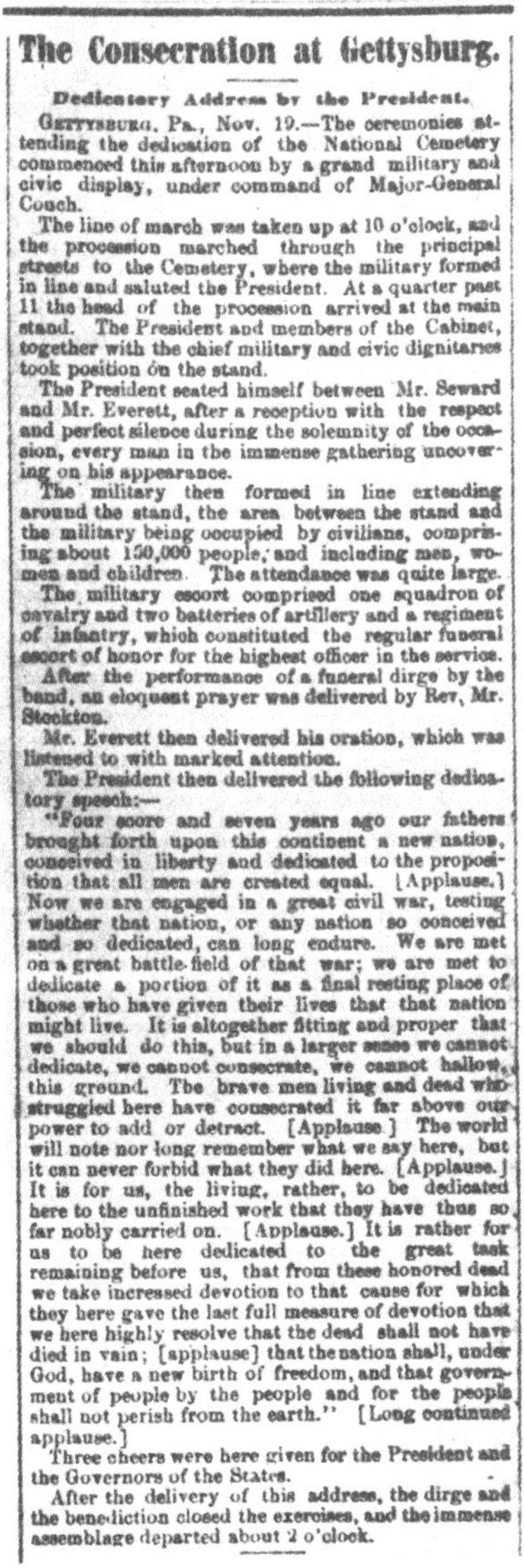

The Consecration at Gettysburg.

Dedicatory Address by the President.

GETTYSBURG, Pa., Nov. 19.—The ceremonies attending the dedication of the National Cemetery commenced this afternoon by a grand military and civic display, under command of Major-General Couch.

The line of march was taken up at 10 o'clock, and the procession marched through the principal streets to the Cemetery, where the military formed in line and saluted the President. At a quarter past 11 the head of the procession arrived at the main stand. The President and members of the Cabinet, together with the chief military and civic dignitaries took position on the stand.

The President seated himself between Mr. Seward and Mr. Everett, after a reception with the respect and perfect silence during the solemnity of the occasion, every man in the immense gathering uncovering on his appearance.

The military then formed in line extending around the stand, the area between the stand and the military being occupied by civilians, comprising about 150,000 people, and including men, women and children. The attendance was quite large.

The military escort comprised one squadron of cavalry and two batteries of artillery and a regiment of infantry, which constituted the regular funeral escort of honor for the highest officer in the service.

After the performance of a funeral dirge by the band, an eloquent prayer was delivered by Rev. Mr. Stockton.

Mr. Everett then delivered his oration, which was listened to with marked attention.

The President then delivered the following dedicatory speech:—

"Four score and seven years ago our fathers brought forth upon this continent a new nation, conceived in liberty and dedicated to the proposition that all men are created equal. [Applause.] Now we are engaged in a great civil war, testing whether that nation, or any nation so conceived and so dedicated, can long endure. We are met on a great battle-field of that war; we are met to dedicate a portion of it as a final resting place of those who have given their lives that that nation might live. It is altogether fitting and proper that we should do this, but in a larger sense we cannot dedicate, we cannot consecrate, we cannot hallow, this ground. The brave men living and dead who struggled here have consecrated it far above our power to add or detract. [Applause.] The world will note nor long remember what we say here, but it can never forbid what they did here. [Applause.] It is for us, the living, rather, to be dedicated here to the unfinished work that they have thus so far nobly carried on. [Applause.] It is rather for us to be here dedicated to the great task remaining before us, that from these honored dead we take increased devotion to that cause for which they here gave the last full measure of devotion that we here highly resolve that the dead shall not have died in vain; [applause] that the nation shall, under God, have a new birth of freedom, and that government of people by the people and for the people shall not perish from the earth." [Long continued applause.]

Three cheers were here given for the President and the Governors of the States.

After the delivery of this address, the dirge and the benediction closed the exercises, and the immense assemblage departed about 2 o'clock.

ゲティスバーグ演説の新聞記事

しかし新聞論調は数日で変わった。ほとんどすべてがリンカンの演説を絶讃し始めたのである。ゲティスバーグの演説は、ジェファソンの独立宣言と並び、アメリカ民主主義の精神を象徴する歴史的な政治文書となったのである。

この演説の内容については解説など必要としないであろう。リンカンの演説は、時の経つにつれて、簡潔で、言葉の選択に秀れ、なおかつ内容の深みが増してくるのである。この演説は荘重の中にもまことに明快にいわんとするところを述べている。

ただリンカンの生涯に関心を持つ者が注意しなければならないことは、かつて宗教にさして関心を払わなかったリンカンが、ここに至って合衆国の存在価値と神とを見事に結びつけているということである。建国以来、人間の自由を証明する使命を持つアメリカのために、アメリカ人は献身しなければならないと説くこの演説には、一種の宗教的神秘性が漂い、ソローやエマーソンのそれに似た超絶主義的なリンカンのナショナリズムが示唆されているのである。

なお神秘性といえば、デモクラシーの最良の定義といわれる最後の一句「人民の、人民による、人民のための政治」の中の「人民の政治」という言葉が、一見判ったようでもその真の意味がなかなかつかめず、現在でも諸説様々であることに注意したい。もともとこの有名な句は、リンカンが愛読した牧師セオドア＝パーカーの文章の中にある「デモクラシーは、すべての人民の上に、すべての人民による、すべての人民のための直接政治である」という句にヒントを得たものといわれているが、リンカンがいかなる意味で「人民の政治」という言葉を使ったのか、いまだに決定的な解釈はないのである。

苦難の年

❖グラントとシャーマンの登場

一八六四年が明けると、寒さの中で戦局はしばし停滞した。開戦以来四年目を迎え、リンカンは心身ともに疲労していた。疲れ切ってゲティスバーグからワシントンに帰った彼は、軽い天然痘でしばらく寝込んでしまったが、これがかえって休養になったほどであった。しかし彼にはゆっくり休む暇はなかった。この頃になると連邦の勝利は彼にはいささかの疑いもなくなっていたが、なすべきことが山積していた。まず第一に、軍事的には決定的な勝利に向かって一大攻勢を展開しなければならなかったこと、第二に、戦争の収め方、南部との和平の条件、戦後のアメリカの道について考えなければならなかったこと、そして第三に、この年の大統領選挙で彼は是が非でも勝ちたかったことなどである。

三月九日リンカンはグラントを合衆国全軍の司令官に任命した。グラントこそリンカンが最後に探しあてた戦う将軍であった。グラントはシャーマン将軍とともに、南部連合無力化の二大計画を立てた。一つは彼自身がミード将軍と共にヴァージニアでリーに決戦を挑むこと、もう一つはシャーマン指揮下の西部連邦軍がジョージア北部から侵入して州都アトランタを攻略することであった。両作戦は五月、同時に開始された。

五月四日グラントが直接指揮する一万五〇〇〇のポトマック軍団は、ポトマック川を渡り、リッチモンドへ進撃した。リーは直ちにこれを迎え撃ち、五月五～六日、フレデリックスバーグの西ウィルダーネスの戦いで一万七〇〇〇にのぼる人的損害をグラントに与えた。しかしこれまでの将軍と違い、グラントは進撃を止めず、リーはこれを五月一〇～一二日のスポットシルヴァニアの戦い、二三日のノースアンナの戦いで食い止め、さらに前進する北軍をリッチモンドから数マイルのコールドハーヴァーで押し返した。作戦開始以来一か月も経ぬうちに北軍の人的損害は五万五〇〇〇にのぼり、とくにコールドハーヴァーでは三〇分で実に一万の将兵が倒れたのであった。

グラントはここでついに作戦を変更し、リッチモンドの南へ廻って鉄道の中心ピータースバーグを攻めた。しかしここを守るボーレガードはリーの主力が到着するまでよく守りぬいた。グラントはリッチモンド包囲戦に切りかえ、それから翌年の春まで九か月間、両軍は塹壕を掘って相対峙したのであった。

シャーマン将軍

グラント将軍

一方すでに南軍の手薄になっているシェナンドー渓谷制圧作戦が、並行して行われた。南軍の必死の抵抗に会いながらも、グラントはここにハンターおよびフィリップ＝シェリダン将軍の軍を注ぎ込み、六四年末には渓谷を完全に制圧した。「この谷の上を飛ぶカラスも、自分で食料をたずさえねばならぬように、進むかぎりヴァージニアを破壊せよ」。これはグラントがハンターに出した命令である。

ヴァージニア作戦が停滞したのに反し、ジョージア作戦は急速に展開し続けた。一〇万の軍を率いたシャーマンは、五万の兵力でこれを阻止しようとするジョセフ＝ジョンストン将軍のテネシー軍団をとらえようとしながら前進し、七月半ばにはジョンストンをアトランタ付近に追いつめた。デイヴィスはジョン＝フード将軍に指揮をとらせ、二回にわたってシャーマンに反撃して失敗し、ついに九月二日アトランタは陥落した。南部連合最大の軍事拠点アトランタの陥落は、リンカンの再選を大いに助けることになる。
シャーマンはアトランタに火をかけてこれを焼き払ったあと、六万の軍を率い、ジョージアを横断して海岸へ向かう「海への行進」を開始した。幅約一〇〇キロに拡がって進む連邦軍は、南部人の戦意を喪失させるため徹底的な焦土作戦を行った。この焦土作戦こそ、多くの南部人の胸の中にヤンキーへの抜き難い憎悪を長く植えつけたものであった。一二月二〇日シャーマン軍はついにサヴァンナに達した。シャーマンはリンカンに電報を送った。「クリスマスプレゼントとして、貴方にサヴァンナ市を献呈いたします」。

❖リンカンの再建案

秀れた政治家は、戦争中から戦争終了後の問題を考え、その政策をつくっていく。リンカンは、大統領としての任期の最初から戦後の再建問題を頭においていた。彼は戦争が終わるはるか以前に、占領地域が拡大するにつれて、再建の具体案を発表し、一部を実行していたのである。

南北戦争は一つの国民が南北に分裂して戦った悲劇的な戦争であったから、再建問題はそれだけ複雑であった。第一に脱退した南部諸州の連邦への復帰、第二に解放を約束された黒人の扱い、第三に戦火に疲弊した南部経済の再建など、予想される問題は山積していた。第一の問

焦土作戦　　シャーマン軍による鉄道の破壊

題に限ってみても、脱退した南部の州をいまだに連邦の一部として扱うべきか、それとも連邦から完全に離れたから連邦に征服された占領地域として扱うべきかという問題から、再建は大統領の権限によって行うべきか、あるいは議会が行うべきかという問題に至るまで、さまざまな問題があった。

連邦維持を悲願とするリンカンは、この戦争は内乱であるからたとえ戦火の中にあっても南部諸州はいぜん連邦内にあると考え、南部諸州をできるだけ早く、それぞれの州の事情に応じて連邦内のもとの姿に戻そうとしたのであった。

はじめリンカンは占領した諸州に軍政官を任命し、その軍政官たちにその州の州民が州政府を樹立するまでできうるかぎりのことをするよう命令した。しかし占領された州が実際に新しい州政府を作る段階になると、かれは新政府を承認する場合に、その州政府が連邦に忠誠でなければならないという条件をつけ、さらに「奴隷解放予備宣言布告」後は、奴隷制廃止の条件をつけたのである。

六三年末には、ヴァージニア、ノースカロライナ、テネシー、アーカンソー、ルイジアナの五州が、軍政官の支配下にあった。この頃になるとリンカンは再建問題についての概括案を固めていた。一二月八日、彼は大赦《たいしゃ》と再建に関する布告を発し、議会への年次教書でその政策を説明した。これは、現在南部連合にある者で、南部連合国を支持した特定の者を除き、連邦憲法支持を誓約する者に特赦を与え、さらにこの誓約を行った者が六〇年選挙当時の投票者の一〇パーセントに達し、奴隷制度を廃止して新政府を組織した場合、大統領はその新しい州政府を認めようというのである。これがいわゆるリンカンの「一〇パーセント・プラン」といわれるものである。

発表された大赦と再建策は、南北の命運をかけた激戦の続く戦争中のものとしては、大変寛大なものであった。北部民主党はもとより、共和党の隠健派はこの人道的な再建政策を歓迎した。南部の占領地域ではアーカンソーとルイジアナがそれぞれ翌六四年三月と四月にリンカン再建策に見合うような条件で州憲法、州政府をつくったので、彼は両州があたかも連邦に復帰したかのように扱ったのであった。

しかし、南部への厳しい政策を主張する共和党内の急進派は、大統領の大赦令と再建策に反対した。彼らは六四年一月、これに対抗するウェイド＝デイヴィス法案をつくり、六月議会に提案、上下両院がこれを通過させると、七月四日会期の終わる一時間前にリンカンに手渡した。

この法案の調子は厳しいものであった。すなわちこの法案では、再建は大統領でなく議会の権限であると述べたあと、南部諸州の再建に当たっては、住民の少数者ではなく半数以上が連邦に忠誠を誓ってはじめて州は憲法会議を召集でき、新政府を樹立できる。さらに州憲法は奴隷制を廃止し、南部連合国および戦時中の州の負債の返債を拒否し、すべての南部連合国官吏から選挙権と重要な官職につく権利を取りあげることを規定しなければならない、としていたのである。

リンカンはこの法案に署名も何もせず、憲法の規定通りに流してしまった。そして七月八日声明の形でその理由を説明した。この法案では脱退諸州の連邦復帰の方法が画一化されてしまう、すでに成立したアーカンソー・ルイジアナ二州の政府が無効になる、奴隷制度に干渉する権利は議会にないから、奴隷制度廃止の憲法修正をする必要がある、というのがその理由である。急進派はもちろんこれに反対し、八月五日「ニューヨーク・トリビューン」紙に声明を発表し、大統領が議会の法案を阻んで独断で南部再建をしようとしていると非難した。

❖「再選されそうもない」

一八六四年は大統領選挙の年であった。その年の夏が選挙戦の最中であったことを思えば、与党がこのように公然と大統領を攻撃したことは、実に異常なことであった。リンカンは強く再選を望んでいた。アメリカの大統領選挙では、再選を狙う現職の大統領は、知名度の点からも、官職任命権を行使できる点からも、その他の点でも大いに有利な立場に立っている。しかしこの年のリンカンは、共和党内には強力な反対派が、また議会外には悽惨《せいさん》な長期化する戦争のために大統領に反対する市民グループがおり、前途を楽観できなかったのである。

共和党内のリンカン支持派は、まず大統領候補指名大会への各州代議員の獲得に動き廻った。他に指名候補になろうと狙っていたのは、例のニューハンプシャーのチェイスであるが、リンカン派は、その年一月開かれたニューハンプシャー州共和党大会に乗り込み、官職とひきかえに代議員を獲得し、リンカン指名を要求する決議案を通させてしまった。同じようなことが他の州でも行われた。

五月末、共和党過激派の一部が、リンカンに反対して党から分裂した。彼らはクリーヴランドで大会を開いて、独自にフレモントを大統領候補に指名した。

六月七日共和党全国大会がボルティモアで開かれた時、リンカンの指名はほぼ確実になっていた。反対派にとってはグラント将軍が絶好の候補であったが、有能な将軍を前線からひき戻すことは到底不可能であったし、他の候補を一人にしぼることもできず、リンカンは第一回目の投票で指名された。リンカン支持派は、民主党の支持を集めるため、テネシー出身の民主党員で連邦支持者、アンドリュー＝ジョンソンを副大統領候補に指名することに成功した。

この年の共和党の政綱は六〇年選挙の場合と同じように、できる限り多くの人々に訴えるよう考えられていた。南部の反乱を断固として鎮圧する決意と並んで、奴隷制度に対するリンカン政府の政策を支持して、奴隷制絶滅のための憲法修正、兵士の救済、外国移民促進、大陸横断鉄道建設などを主張している。

一方民主党の全国大会は、ずっと遅れて八月二九日シカゴで開かれ、リンカンの対抗馬としてマクレランを指名した。民主党はリンカンの戦争政策を非難し、早急な停戦、連邦維持のための諸州の平和会議を要求した。

六月はじめの指名大会で比較的楽に指名を獲得したリンカンの人気は、夏にはいると急に低下していった。もともとリンカンは戦争を通じそう人気のある大統領ではなかったが、この夏東部戦線ではリッチモンド前面で戦局が完全に膠着《こうちゃく》し、それまでの連邦軍の甚大な損害もあって、戦争の前途に強い不安が拡がったことも、彼を不利にしたのである。共和党内急進派の批判も強くなった。共和党が支持する財務長官チェイスを六月に罷免したこと、七月四日廻ってきた急進派の南部再建案をほうむり去ったことも、急進派の怒りを高めていた。

リンカンの評判があまりに悪くなったので、ニューヨーク州あたりからは選挙戦半ばだが大統領候補を他の人間に切りかえようという声も出てきた。八月一六日にグリーリーは、「リンカンはもう敗けた。共和党を救うためには別の候補が必要だ……」と書いた。八月二二日、共和党全国委員会委員長で「ニューヨーク＝タイムズ」紙編集長ヘンリー＝レイモンドが、リンカンに向かい、「情勢はひどく悪い。全国至るところで勝つ見込みがない」と報告した。その翌日、リンカンは閣議の席に、折って封印をした紙を持ち込み、中を見せずに閣僚に対しその裏側に署名するよう要求した。閣僚が署名するとリンカンはそれに日付けを入れ、何もいわずにしまい込んでしまった。選挙後の一一月一一日、リンカンはこれを閣僚に読んできかせたという。自分は再選されそうもない。しかしそうなっても自分は、政権交代の日まで、連邦統一のため次期大統領に協力するつもりである、という意味のことが書いてあったのである。

❖不人気のリンカン夫人

この夏のリンカンは私的にも多難であった。とくにリンカンを悩ましたのは夫人メアリーである。

ホワイト＝ハウスにおけるリンカン夫人の生活は、けっして幸福ではなかった。何事にも派手で野心的な夫人は、ワシントン社交界の女王をめざしていた。しかし戦争が始まって南部上流社会の人々の姿が消え、ニューイングランドやニューヨークの上流社会人だけになったワシントン社交界では、夫人は中西部、あるいは南部の成り上がり者と見られ、親しい友人もできなかった。そのうえ戦況が北部にとってはかばかしくない時には、南部出身の夫人は、南部の親類と通じて南部連合のスパイをしているという噂を一般に流されて、大衆の間ではひどく不人気であった。南部の親類の何人かがホワイト-ハウスに戦争を避けて住み込んでいたのは事実である。

一八六二年の末、上院戦時監察委員会が大統領夫人の不正行為を問題にした時、突然大統領が現われて、妻の無実を証言するという珍しい事件が起こった。「私、合衆国大統領エイブラハム=リンカンは、本委員会の前に自由意志により出向いたものであるが、目的は、私自身の知る限り、私の家族が敵と売国的連絡をしているという情報を虚偽の情報であると考えるというためである」。こういったリンカンの顔は、深い憂愁に溢れていたといわれる。

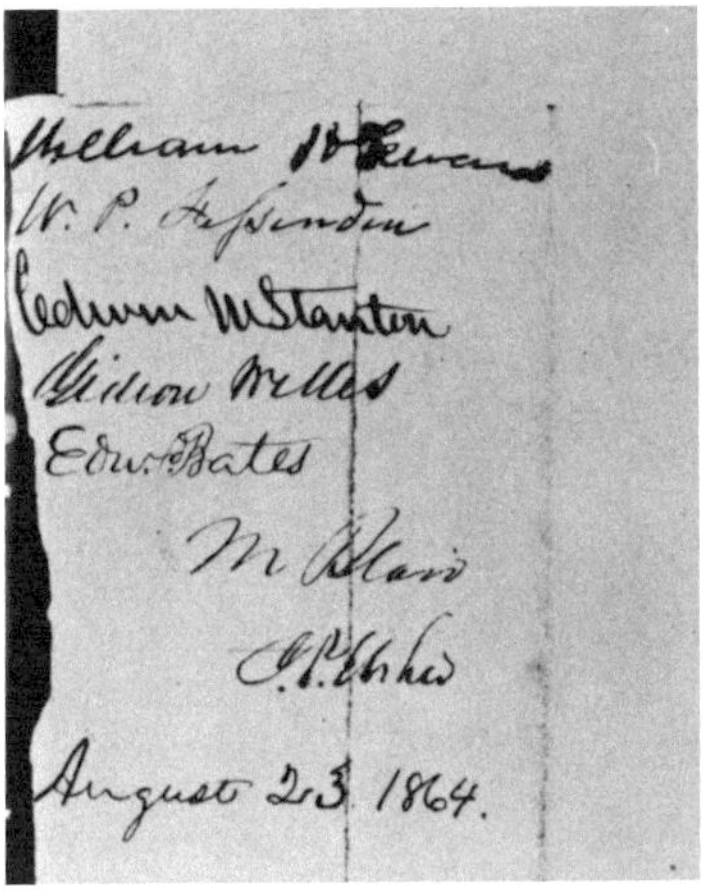

リンカンのメモ　閣僚のサイン

ホワイト-ハウスにおけるリンカン夫人は精神的に不安定であったが、これは一人の女性としての彼女のうえにふりかかった不幸によっても強まっていた。息子のウィリーの死はもちろん大変な衝撃であった。そのためにホワイトハウスの社交的行事を止めると、それまで戦時中の社交を非難していた人々が、今度はそれを中止したといって彼女を非難した。そのうえ六二年には彼女の弟の戦死の知らせが届き、翌年には末弟が戦死、さらに妹エメリーの夫も戦死したのであった。

このような悲しみに圧倒された夫人に、リンカンはまるで父親のような態度を取るようになったといわれる。しかし夫は政治で多忙をきわめ、夫人の精神的不安はますますひどくなっていった。また彼女の浪費癖も強くなった。衣類・宝石による借金は二万七〇〇〇ドルにのぼり、彼女はこの借金を支払うためにも夫リンカンの再選を強く望んで、あらゆる人に応援を頼むのであった。

❖大差で再選

さて、一時は落選を覚悟したリンカンであったが、九月にはいると情勢は急激に変わってきた。九月二日のアトランタ陥落は熱狂的に歓迎された。シェリダンのシェナンドー渓谷侵入、ジョージア焦土作戦の展開は、勝利のうちに戦争終結がやってきていることを、北部の民衆に印象づけたのである。そのうえ、リンカン自身も、彼の支持派も、さまざまな工作をした。リンカンは現職大統領の強みを最大限に発揮した。共和党全国委員会委員長レイモンドは、リンカンのおかげで官職についている者から莫大な選挙資金を集め、リンカン自身もニューヨークで最大発行部数を誇る大衆新聞「ニューヨーク－ヘラルド」紙の編集長に、フランス公使の地位を約束し、同紙のリンカン批判を中止させたりした。またリンカンは、選挙当日に北軍兵士が確実に投票できるよう手配した。前線で投票させたり、投票のために故郷に帰すようにしたのである。歴史家の中には、リンカンが再選されたのはこの兵士の票のおかげだという人もいるくらいである。

情勢がリンカンに有利となると、急進派に押されて立候補したフレモントも選挙戦から身を引き、リンカンにかわる候補を、という党内の声も消えてしまった。

投票は一一月七日行われた。リンカンはケンタッキー・デラウェア・ニュージャージー三州を除くすべての州で勝利を収め、投票人票リンカン二一二、マクレラン二一という大差で勝った。一般投票の差は約四〇万票であった。

平和への模索

❖和平会談と戦争終結案

大統領選挙が終わると、それを待っていたかのように戦局は急速に進展した。一一月一五日、シャーマン軍は燃えるアトランタを後にして海岸へ向かい、一二月サヴァンナを占領した。一八六五年が明けると、南部の運命はもう明らかであった。「リッチモンド–センチネル」紙も、南部の疲弊を認め、もはや南部が独立を達成するためには、奴隷制度を廃止し、英・仏・スペインなどと同盟を結ぶしかないというようになった。一月一四日、シャーマンはサヴァンナを出発して北上、二月一八日サウスカロライナ州都コロンビアを占領した。コロンビアを焼き払ったシャーマンは、なお北進を続けた。一方二月一八日はチャールストンが連邦海軍の前に降伏した。そうなると、北からはグラントの大軍、南からはシャーマンの軍に押されて、ピータースバーグやリッチモンドの陥落は、時間の問題となったのである。

選挙も終わり、戦局の帰趨《きすう》も明らかになってきた時、リンカンの心は南部との平和の問題に急速に傾いていった。もともと彼は連邦統一を南部が認めない限りいかなる和平交渉も無駄であるという態度を守ってきたのであるが、二月三日になって、彼自身が直接和平交渉に臨むことになったのである。南部側三人の代表の一人が、旧友の南部連合国副大統領スティーヴンスであったことも、リンカンが自から会談に臨もうとした理由の一つであったかもしれない。リンカンとスティーヴンスは連邦下院で一緒になって以来親友ともいえる仲であり、奴隷問題では意見を完全に異にしていたとはいえ、南部でもっとも愛されていたこの人物を、リンカンは深く尊敬していたのである。

会談はノーフォーク近く、大統領専用船「リヴァー・クィーン号」上で行われた。彼らはしばらく昔話をしたあと、リンカンが、自分は南部諸州が連邦へ戻れば寛大な措置を取りたいこと、奴隷解放については何らかの補償をしたいことを述べた。しかしスティーヴンスの望んだのはあくまでも平和と南部独立であったために、交渉は決裂せざるをえなかったのであった。

船を降りる直前にスティーヴンスがリンカンにいった。「それではあなたは我々を絞首刑に価する反逆者と考えているのですか」。リンカンは重々しくうなずいた。スティーヴンスは同じように重々しく、「それがあなたの考えだろうとは我々も想像していました」といった。しかし彼は帰りぎわにリンカンに微笑みながらこういった。「しかし、本当をいうと、あなたが大統領であるかぎり、我々は一人として絞首刑の心配はあまりしていないのです」。

二日後の二月五日、ワシントンへ帰ったリンカンは緊急閣僚会議を召集し、その日に書いたばかりの早期終戦のための提案を閣僚に示し、同意を求めた。それは、もし南部連合が四月一日までに降伏すれば、合衆国は奴隷財産喪失の代償として四億ドルを支払おうというものであった。すでに敗北が決定的となっている敵に、これほど巨額の金を与えるとは。閣僚が愕然《がくぜん》とし、沈黙がしばらく続き、それから全員が反対した。結局リンカンは提案をひっこめてしまった。

おそらくこの時リンカンの胸中にあったものは、これ以上の生命の損失を防ぐためにできるだけ早く戦争を終えたいということと、同時に平和到来の際の南北融和を図りたいということであったのであろう。戦争がいかに悲惨であろうと、リンカンにとって合衆国は依然として一つであった。彼の望みは連邦の統一であり、連邦全体の平和であった。またリンカンの法律家的発想からすれば、補償もなしに奴隷という財産を没収することは好ましくなかったのであろう。ちなみにこの時までに連邦が費した戦費は約三〇億ドルであり、平和が少しでも早く訪れるならば四億ドルはけっして高くないと彼は考えたのである。この時リンカンは、連邦に反逆して武器をとった者に対する憎しみや敵意を抱いてなかったのであろう。

❖第二次大統領就任式

大統領就任式の三月四日がやってきた。それは四年前を思い出させるような式であった。前と同じように、大統領を守るために、ライフル銃を持った人影が屋上に立ち、演壇へはカバーつきの通路ができていた。もちろん式の順序も同じであった。しかしいくらかの変化も見られた。四年前には未完成であった議事堂のドームは今や完成し、その頂上には自由の女神がはるか遠くを見つめていた。リンカンの宣誓を行うのはトーニーではなく、閣僚から最高裁判所長官に任命されたチェイスであった。だがもっとも大事な変化は、目に見えないものであった。それは四年の戦争の試錬と苦悩を通じて育ったリンカンの人間的成長である。その成長を見事を示したの

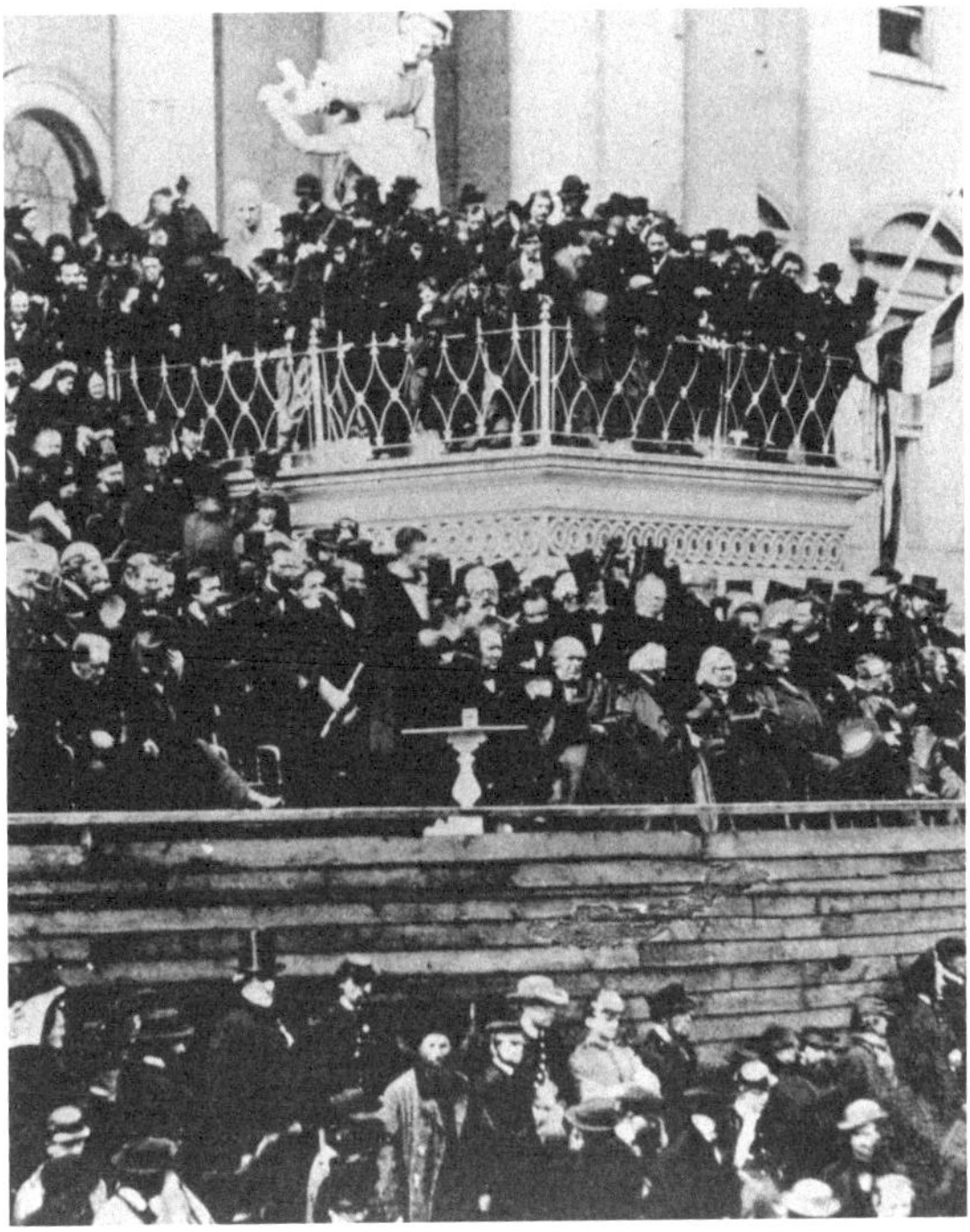

第二次就任演説

が有名な第二次就任演説であった。

リンカンの演説は、ジョンソンのしどろもどろの演説と副大統領としての宣誓のあと行われた。風邪気味のジョンソンは、当日の朝元気づけにウイスキーを飲んできたのであった。リンカンの演説は、アメリカの大統領就任演説としてはきわめて短いものであった。しかしこの短い演説の中には、リンカンがその時まで持つに至ったすばらしい人間性が、混然一体となってにじみ出ているのである。

リンカンはまず戦争勃発当時を回顧して、戦争はすべての人がこれを避けようとしたが起きたこと、その原因は奴隷制をめぐる利害関係であることを述べたあと、続く後半部でつぎのようにいった。

南北とも戦争が現在のように拡大し、継続するとは予期しませんでした。この戦いの終結とともに、あるいはそれ以前に、この戦いの原因となったものが消滅しようとは、両者とも予測していませんでした。それぞれもっと容易な勝利を予期していたのでありまして、またこれほど重大な、また驚くべき結果が生じようとは思っていませんでした。両者とも同じ聖書を読み、同じ神に祈り、そしてそれぞれ敵に勝つため神の助力を求めています。他人が額に汗して得たパンを奪おうとして正義の神の援助を求める人があるということは不思議に思えるでしょう。しかし我々は自らが裁かれないように、他を裁くことをやめましょう。両者の祈りが双方とも聞きとどけられるということはありえませんでした。彼の祈りも我の祈りもそのままには聞きとどけられませんでした。

全能の神は彼自らの目的を持ち給います。「この世はつまずきあるによりて禍害《わざわい》なるかな。つまずきは必ず来たらん。されどつまずきを来たらす人は禍害《わざわい》なるかな」。もし我々が、アメリカの奴隷制度は神の摂理により当然来たるつまずきの一つであり、神の定め給うた期間続いてきたものであるが、今や神はこれを除くことを欲し給うのであると考え、また神はつまずきを来たらせた者の当然受くべきわざわいとして、北部と南部とに、この恐ろしい戦争を与え給うたのであると考えるとしますと、それは活ける神を信ずる者が当然持ってもよい考えではないでしょうか。われわれがひたすら望み、切に祈るところは、この戦争という強大な笞《むち》が速やかに過ぎ去らんことであります。しかし、もし神の意志が、奴隷の二五〇年にわたる報いられざる苦役によって蓄積されたすべての富が絶滅されるまで、また笞によって流された血の一滴一滴に対して、剣によって流される血の償いがなされるまで、この戦争が続くことにあるならば、三〇〇〇年前にいわれたごとく、今なお「主のさばきは真実にしてことごとく正し」といわなければなりません。

そして最後にリンカンはこう結んだ。

なん人に対しても悪意を抱かず、すべての人に慈愛をもって、神がわれらに示し給う正義に堅く立ち、われらの着手した事業を完成するために、努力をいたそうではありませんか。国民の創痍《そうい》を包み、戦闘に加わり斃れた者、その未亡人、その孤児を援助し、いたわるために、わが国民のうちに、またすべての諸国民との間に、正しい恒久的な平和をもたらし、これを助長するために、あらゆる努力をいたそうではありませんか。

この最後の文節に至って、聴衆の中には目をうるませ、涙を流していた者が多く見られたという。

❖「すべての人に慈愛を」

ゲティスバーグの演説がそうであるように、この演説にも多くの人は様々の意味を探している。ある者はこの演説に流れる深い宗教的感情を強調し、ある者はこの演説を戦後の南北の融和をめざす政治的発言であるとする。しかし、この演説だけを考えるのではなく、これを第一次就任演説やゲティスバーグ演説その他と比較してみる時、きわ立って目立つのは、リンカンの戦争そのものに対する態度、考え方の変化である。

第一次就任演説の最後の部分で、リンカンが平和か戦争かという強い言葉を使おうとし、シュワードに説得されて調子を和らげたことを我々は思いおこす。あの時のリンカンは、あのあくの強いシュワードさえ驚ろかせたほどに連邦の正義だけを信じていたのであった。あのゲティスバーグの演説は、神の下に進めてきた自由の国の建設という未完の事業に身を献げることを誓ったものであり、そこには、神は我々とともにありという信念が全編を貫いていたのである。

しかし、この第二次就任演説に見られるのは、自分たちだけが絶対に正しいという、いわば独断的な考え方ではなかった。戦争が始まった時、南北いずれも神は自分の側におられると考え、神の助けを願っていたが、今となってみると神はどちらの側にもおられなかったのだという驚くほどの謙譲の気持であった。そこにはかつて彼の中に見られた自己の正義の正しさやその最後の勝利を主張する際の、一方的でかたくななものは見られなかった。内乱の最中の大統領として、つねに休む間もなく重大な決断を下してきた彼は、人間の限界と神の無限の力を感じてそうなったのだろうか。それとも、多少の犠牲だけで南部の独立を抑え、連邦を救いたいというあの開戦の決断が、これほど多数の同胞の命や財産を失わせ、今なお国土の荒廃が続いているこの時になってみれば、果たして正しかったのだろうか、という思いも彼の胸中を去来していたのであろうか。

これらはすべて臆測にすぎない。「すべての人に慈愛を」と説いたこの演説が戦後の南部の再建をスムースに行おうという政治的意図から来たものであるという考え方も臆測である。もしこの文書に政治的意図がきわめて強いとした場合、現実的な政治家リンカンが、自分たちの目的としたものが神の意図と違っていたというようなことを、なぜ国民にあえていったのだろうかという疑問がすぐわくであろう。あえてこういうことをいい、逆効果を期待したとまで考えるのは、あまりにもうがちすぎた考え方であろう。しかし、たとえそうであるとしても、「なん人に対しても悪意を抱かず、すべての人に慈愛をもって」で始まる最後の文章は、リンカンが最後に到達したすばらしい境地を簡潔に示して、読者に深い感動を与えるのである。それは、いまだに南部の戦場では諸都市が灰燼《かいじん》に帰し、北部人の多くが南部人への憎しみを叫んでいるその時のことを思えば、いっそう身にしみて感じられるのである。

リンカンの演説が終わると、聴衆の歓声に混って遠くから祝砲の音がひびいた。リンカンは馬車に乗ってホワイト・ハウスに向かったが、この時から彼が生きたのはわずか六週間だけである。

運命の日

❖暗殺未遂事件と夫人の錯乱

一八六〇年に大統領に当選して以来、リンカンはつねに暗殺の危険にさらされていた。おそらく、南部の敵リンカンの暗殺計画は何回も立てられて、何回も失敗したのであろう。失敗した例としては、六四年夏馬上のリンカンが暗がりから狙撃され、帽子を撃ちおとされたというのがある。リンカンの暗殺は、最後にメリーランド生まれの俳優ジョニ゠ウィルクス゠ブースが成功させたのである。

ブースは、有名な悲劇俳優ジュニアス゠ブルータス゠ブースの子の一人で、父親の異常性格を多分に受け継いでいた。彼は他の家族と異なり、熱烈な南部連合支持者であった。我々がアメリカ史の中で最初に彼の名を知るのは、ハーパーズ-フェリー襲撃のジョン゠ブラウンが絞首刑となったその場所で、見物人の中に混っていたという場面である。ブースはその後俳優と

暗殺者ブース

して働いていた。六四年リンカンが再選をめざしていた頃、彼はリンカンを誘拐して人質として南部連合捕虜と交換しようとたくらみ失敗している。
その後ブースは、ワシントンの下宿経営者メアリー＝スラット夫人の家を中心にして同志六人を集めた。そして第二次大統領就任式の一三日後に、軍隊の野営地に出かけるはずのリンカンを待ちぶせたが、この時はリンカンが姿を見せず、誘拐計画は失敗した。この失敗によって仲間の三人は脱落したが、そのうち南部の敗戦がもはや時間の問題となるにおよんで、ブースと残る三人は計画をリンカンの暗殺に切りかえたのである。
ちょうどその頃、リンカンは夫人を伴って「リヴァー＝クィーン号」でワシントンを離れ、シティー＝ポイントにあるグラント将軍の司令部を訪問する旅行に出た。この旅行が彼の死を、二、三週間のばしたのかもしれないのである。
リンカンは、シャーマン将軍が前線から戻って大統領一行に参加するまで、要塞や砲兵陣地を視察し、兵士を閲兵した。大統領夫妻にとって不幸な出来事が起きたのはこの時である。夫人の精神不安定さが大勢の人々の面前で爆発してしまったのである。

それはリンカン夫人とグラント夫人が同じ馬車で部隊を閲兵している時であった。グラントの副官が何気なくリンカン夫人に、「部隊は攻撃準備完了です。将校たちの夫人はすべて後方へ下がるよう命令されましたが、ただ、グリフィン将軍の夫人だけは別です」といった。グリフィン夫人は美貌で知られたワシントンの社交夫人であった。リンカン夫人は嫉妬で狂い立った。「大統領が一人で彼女に会ったというのですか。私が大統領には絶対に一人で女性に会うことを禁じているのを知らないのですか」。夫人は馬車を止め、大統領に詰問しようとした。折りよくミード将軍がやって来て、グリフィン夫人に許可を与えたのは陸軍長官です、と嘘をいい、夫人をなだめたのである。

翌日も同じような事件が起こった。エドワード＝オード将軍の夫人が大統領とくつわを並べているのをリンカン夫人が見たのである。リンカン夫人は馬車からとび降りようとし、それを止めようとしたグラント夫人までをののしった。その日の晩餐の席で夫人はリンカンにオード将軍を転任させるよう要求し、大統領がこれを拒否すると、彼女は当惑する客の面前で夫を激しくののしった。錯乱した妻を前にして、リンカンの示した態度は、キリストの忍耐もかくやと思わせるものであったという。

船内での軍議

❖南部の降伏

三月二七日リンカンは「リヴァー・クィーン号」の船室でグラントとシャーマン両将軍と会談し、南部連合に対する降伏条件について協議した。リンカンはできるだけ寛大な態度を取るよう説き、できれば最後の攻勢も行わずにすむ方法はないかといったが、将軍たちはリーが最後まで抵抗するだろうと主張した。リンカンは南部連合指導者の運命についても気をつかった。彼らが捕まれば、その処刑を要求する声が強くなるであろう。国外逃亡を許してやれないかというのである。

会談から二日後の二九日、グラントは進撃を命令した。四月二日ピーターースバーグが占領され、翌日南部連合政府はリッチモンドを放棄し、ダンヴィルへ逃れた。リーはここで南から来るジョンストンと合流し、最後の抵抗を試みようとした。しかし連邦軍は彼の退路を断ち、数回の戦闘の後、四月九日リーはアポマトックスでグラントに降伏した。南北戦争は事実上ここで終了したのである。

グラントはリンカンの命ずるままに寛大な条件でリーの降伏を迎えた。ぼろぼろの軍服を身につけ疲れ切った南軍兵士たちは、馬を引いて故郷へ帰ることを許された。その馬を春耕に役立てるためである。将校たちは捕虜宣誓に署名し、ピストルを除く武器を引き渡しただけで釈放された。

ついで四月二六日ジョンストンがシャーマンに降伏した。南部連合国大統領デイヴィスは、逃亡の途中ジョージアで連邦軍に捕えられた。

リッチモンドが陥落するとすぐ、四月四日リンカンはジェイムズ川からいまだ市の中心部で火災の煙の立つリッチモンドに上陸し、少しの護衛を連れただけで市内を視察した。

リッチモンドからシティー・ポイントに戻ったリンカンは、最後の戦況を知るためしばらくそこに滞在した後、四月八日出発、翌日ワシントンに到着した。それはリーがアポマトックスで降伏した日である。

❖暗殺の夢

ここで興味あるのはリンカンがシティー・ポイント滞在中に見たという夢の話である。四月一一日よりも少し前にリンカンが側近に話したといわれるこの夢は、話の内容からすると四月一日頃のことのようである。それは信じ難いような内容のものである。以下はリンカンが側近に語ったといわれている話である。

一〇日ほど前、遅くなってベッドにはいった。前線からの重要な連絡を待っていた私は、寝るわけにもいかなかったが、疲れ切っていたのでベッドにはいるとすぐに眠り込んでしまった。私はすぐ夢を見始めた。私のまわりには死のような静けさが取りまいていたようだった。その時私は押し殺したようなすすり泣きを聞いた。大勢の人が泣いているようだった。私はベッドを離れ、階下に行ったようだ。階下に行くとやはり同じ悲しげなすすり泣きが静寂の中に聞えた。しかし泣いている人々の姿は見えなかった。私は次々と部屋を廻った。しかし生きているものの姿は見えず、悲しみの声が歩いている私に聞えるだけであった。すべての部屋に明かりがついていた。すべてが見なれたものだった。しかし胸が張り裂けるように悲しんでいる人々はどこにいるのだろう。私は驚き、不思議だった。一体これは何を意味するのか。このような不思議で恐ろしい原因を発見しようと決心した私は、ついにイーストールームに来た。はいった私は迎天した。私の前には棺台があり、葬儀用のおおいで包んだ死体が置いてあったのだ。その周りにはガードとして兵隊たちが立っていた。人々が群がり、ある者は顔を布でおおった死体を見つめながら悲しみ、ある者はみじめに泣いていた。「ホワイトーハウスで死んだのは誰だ」。私は兵隊の一人に聞いた。「大統領です」。これがその答えだった。「暗殺されました」。その時群衆の間から悲痛の声が高くあがり、私は夢から覚めた。もうその夜私は眠れなかった。

この恐ろしい夢が現実となるのは、それから約二週間後のことである。

❖最後の演説

リッチモンドの陥落とそれに続くリーの降伏で、北部は勝利で湧き立っていた。四月一〇日夜、一群の人々が松明を持ってホワイトーハウスにまで祝賀に来た。不用意な発言を避けるためリンカンは演説を断わり、翌晩の演説を約束した。

翌日の晩、予告された大統領の演説を聞こうと、ホワイトーハウスの前には大勢の群衆がつめかけた。彼らが期待したのはもちろん大統領の勝利の演説であった。群衆の歓呼、拍手がやっと収ったあと、ホワイトーハウスの窓ぎわに立ったリンカンは、左手にろうそく、右手に原稿を持って話を始めた。それは群衆が期待していたものとは全く違ったものであった。戦勝にごくかんたんに触れただけですぐ南部諸州を連邦に受けいれる問題について語り始めた。自分は南部諸州が連邦から一度も脱退したことのないという立場で南部諸州の問題を考えたい、と述べたのである。彼はルイジアナの例をあげて説明した。自分の方式に従ってつくられたルイジアナ政府は、不完全ではあるがそのまま認めてやった方がいいのだ。黒人については、非常に知性ある者や軍務に就いた者には選挙権を許してもよいと考えているともいった。そして最後に、自分は南部民衆に向かって新しい声明を出すことを考えているといって演説を結んだ。

戦勝祝賀に対する挨拶の演説としてはこれはまことに奇妙なものであった。大部分が理屈っぽいルイジアナ州新政府承認についての話であった。戦勝に熱狂する群衆を前にしても、この時のリンカンには勝ったことは念頭になく、ただあるものは連邦の回復のための最善の策は何かということだけであったのである。しかし、それにしてもこれがその場の聴衆の雰囲気にふさわしくない演説であったことは確かである。リンカンは彼の寛大な再建政策に対する議会の強い反対を予想して、直接民衆に語りかけようとしていたのであろうか。

ところでこの晩誰も気がつかなかったが、ホワイトハウスの芝生に集った群衆の中に、あのブースが混っていて、リンカンをじっと見つめていたのである。この演説がリンカン最後の演説となることを知っていたのは、彼一人であった筈である。

❖運命の四月一四日

それから三日後の四月一四日のワシントンは、春の風が吹き、日ざしとかげりが交互におとずれるような日よりであった。この日のリンカンの予定は次の通りである。午前八時まで執務室、朝食、引見、午前一一時より閣議、昼食、引見、午後遅く夫人同伴の遠乗り、イリノイの旧友たちとの非公式会談、陸軍省訪問、引見、夕食、引見、その後夫人および小人数を同伴して観劇。

朝食は戦場から帰っていた息子のロバートが一緒であった。ロバートがリー将軍の写真を父に見せると、リンカンは、「これはいい顔だ。戦争がすんでほっとしたよ」といった。

リー将軍

議員や陳情者に会った後、一一時からの閣僚会議が始まった。これにはグラント将軍も招待されていた。この日、リンカンが南部に法と秩序を回復し、できるだけ早く州政府を樹立させることを主張し、ついで具体的に新政府ができた場合どうするか、南部連合国指導者たちをどう処置するかなどが問題となった。そして四月一八日に再度これらの問題を検討することにして閣議は終了となった。

興味あるのはここでもリンカンが夢の話をしていることである。前夜彼はいいようもない船に乗り、非常な早さで無限のかなたの岸に向かっていく夢を見た。前にも同じ夢を何か大事件の起こる前に見たから、今度もそうだろう。きっとシャーマン将軍からよい報告が来るのだろう、と。

午後の遠乗りは長かった。リンカン夫人が今日は友人も一行に加えたいというと、リンカンはそれを断わった。馬車の中で、大統領としての仕事が終わった後、海外旅行でもしたい、それからスプリングフィールドへ戻り、弁護士をやりながら、サンガモン川の岸辺で農場でも経営しようなどと話した。この時のリンカンは大変幸福そうであった。

遠乗りの後、午後遅くリンカンは陸軍省をたずね、それから夕食の前後にかなりの人に会った。

この運命の金曜日の夜にリンカンが観ようとしていたのは、フォード劇場で上演されている喜劇「アメリカのいとこ」であった。これを観にいくといい出したのはリンカン夫人であったともいわれている。この日のリンカンはめずらしく観劇にはあまり気がすすまなかったらしく、陸軍省でも人にそう語っている。

リンカンはこの観劇にグラント将軍夫妻を招待していた。しかし閣議の時グラント将軍が、妻が息子に会うためニュージャージーに行きたがっているのでと断ったので、リンカンはかわりに陸軍省の若い副官とそのフィアンセを招いた。グラント夫妻が招待を途中で断ったのは、夫人がリンカン夫人との同席を嫌ったからだともいわれている。

午前中比較的よかった天気は、晩になって霧に変わった。街頭のガス灯の明かりがぼんやりと光っていた。大統領一行がフォード劇場に到着したのは八時半頃である。彼らが国旗を掲げた特別室にはいると、上演中の劇は中断され、観客は拍手やら歓声やらで大統領夫妻を迎えた。リンカンは軽く会釈をし、特別席の一番うしろのゆり椅子に腰をおろした。前の席には若い二人が、その少しうしろにリンカン夫人が坐った。リンカンのうしろが特別室の扉であった。

リンカン一行の護衛に当たっていたのはパーカーという警部である。彼はワシントン市警察がホワイト－ハウス勤務に派遣していた四人の警察官の一人であった。不幸なことにパーカーはこの四人のうちでもっとも信頼のおけない男であった。酒好きで、無責任な性格の持主で、この日起こった悲劇の瞬間に彼は、守るべき場所にいなかったのである。廊下にいて特別室の入口を守る筈の彼は、芝居がよく見える場所へ行ってしまったようである。無責任な彼が、悲劇の瞬間には劇場の外の通りにいて酒を飲んでいたという、リンカンの馭者《ぎょしゃ》の話さえ残っている。

❖「世は変われど、彼は万代に残る」

リンカンが席についた頃、ブースと仲間三人は、フォード劇場からそう遠くないハーンドン・ハウスに集っていた。ブースはその日昼頃フォード劇場で、リンカンがその晩来ることを確かめ、逃走用の馬も用意した。ブースがリンカンを殺し、他の一人がジョンソン副大統領を、残りの二人がシュワード国務長官を襲う手筈もできていた。

リンカンはけっこう劇を楽しんでいた。二幕目に急に寒さを感じて、彼はコートをかけた。三幕目、舞台に俳優が一人しかいなくなった時、扉が開き、ブースがリンカンの背後にしのびよった。右手に単発式真鍮製デリンジャー拳銃、左手に短刀を握っていた。引金が引かれた。鉛の弾丸がリンカンの大脳を斜めに通り、右眼に近いところで止った。骨の破片は左側前頭葉にも食い込んだ。リンカンは瞬間に意識を失い、ゆり椅子の中で後ろに倒れかかり、仕切り壁に頭をもたれかけた。若い副官は椅子からとび上がったが、突進してきたブースの短刀で上膊部を刺された。ブースは貴賓席から舞台にとび降り、何やら叫んだようであったが、たちまち舞台の裏に姿を消した。あっという間の出来事である。ブースが舞台にとび降りた時、ラテン語で「暴君の果てはかくの如し」といったという説もあるが、確かでない。

舞台にとび降りた時足をくじいたブースは、用意の馬に乗り逃亡した。彼はヴァージニアのポートローヤル付近の農家の納屋にひそんでいるところを発見され、兵隊に撃たれて死んだ。四月二六日のことである。共犯者はすべて逮捕され、後に絞首刑となった。

リンカンがブースに襲われた頃、シュワードと息子が自宅で暗殺者に襲われ、重傷を負って苦しんでいた。ジョンソン副大統領は助かった。暗殺者がおじけづいて、暗殺計画を実行しなかったからである。

フォード劇場では若い副官がとび出して医者を探した。偶然近くにいた二三歳の軍医補が連れてこられ、応急処置をしたが、大統領の傷が致命傷で、助かる見込みのないことは明らかであった。やがて数人の医師がかけつけてきた。混乱する劇場と外の通りを抜けて、リンカンは劇場前の明かりのついていた下宿屋ピーターソン家に運び込まれ、階下の部屋の粗末な木製ベッドに寝かされた。長身のリンカンは、斜めに寝かさなければベッドに収まらなかった。

懸命な治療が続けられたが無駄なことは判っていた。完全に意識のないリンカンは断続的な呼吸を続けるだけであった。息子のロバートがホワイトハウスからかけつけ、閣僚も集ってきた。急進派のサムナー議員がリンカンの頭の近くに坐り、リンカンの手を取り、頭をたれて泣いた。すすり泣くロバートがサムナーの肩によりかかっていた。しかしそのロバートも、悲しみに泣く母を慰めなければならなかった。

夜が明ける頃ワシントンは雨が降り出した。午前七時二一分リンカンは最後の息をひきとっ

死の床のリンカン

た。司祭が祈りを捧げた。今は未亡人となってしまったリンカン夫人が、なきがらの上に身を投げてもだえ泣いた。立ち去る時彼女が、「あ、神様、夫を殺したのは私です」と叫ぶのが聞えたという。白いシーツがやつれ果てたリンカンの顔にかけられた。スタントンが、「時は移り、世は変われど、彼は万代に残る」という歴史に残る言葉を吐いたのはこの時である。

リンカンの遺体はその日の午前中にホワイトーハウスに移され、一九日の葬儀までイーストールームに安置された。一八日には大群衆が二列になってしずしずと柩の両側を通り、大統領に最後の別れを告げた。

四月一九日、政府関係高官六〇〇人、会葬者四万人といわれる葬儀がすんだあと、リンカンの柩はホワイトーハウス正面の大玄関から静かに運び出され、大勢の群衆の見つめる中を議事堂まで運ばれた。議事堂ドームの中の大広間につくられた棺台に安置された柩は通夜の時を迎えた。柩は護衛の交代するたびに所を変え、上下両院各本会議場の中間、各議場の席と回廊の中間、そして最後にまた大広場に戻った。

二〇日朝一〇時、特別の配慮で入院中の戦傷者、身体不自由者がまずはいり、ついで一般の人々の参列が許された。列は一時間に三〇〇〇人もの割合で深夜まで続いた。

四月二一日の金曜日がリンカンのワシントンにおける最後の日であった。柩はワシントンの駅に向かい、七輛編成の特別列車に積み込まれた。そしてまわりの機関車が悲しみの鐘を鳴らす中を、列車は群衆に見送られ、静かに動き出した。故郷イリノイ州スプリングフィールドへの、死せるリンカンの悲しい旅の始まりである。

おわりに

動乱の最中にある一国の指導者が敵によって暗殺された場合、たちまちに英雄となり、殉教者、神話の人物となっていくのはよくあることである。人類の歴史の中でリンカンほどその条件を備えていた国家的指導者はほかにおそらくないであろう。奴隷制拡大をめぐるダグラスとの論争、全国政治家としての台頭、五年にわたる戦争の指導と勝利、連邦維持の成功、奴隷解放宣言、大統領となってからのすばらしい人間的成長、暗殺、故郷イリノイへの葬送列車の悲しき旅路など、これらはすべて死後のリンカンを神話の人物にしたてあげていく絶好の材料であった。

大事なことは、南北戦争後の民衆の激情が消えても、リンカンが、南部を除くアメリカの中でますます英雄となり、神格化されていったことであった。暗殺、そして民衆の激情、こういうものによって英雄となった者は、民衆の激情が収まるにつれて英雄の座から消えていくことが多いが、リンカンにはこれは当てはまらない。今日でもリンカンは、ジョージ＝ワシントンと並んでアメリカの英雄であり、さまざまな神話、伝説の人である。

こういう英雄としてのリンカンのイメージが守られてきた要因には、「奴隷解放の父」というイメージが大きな役割を果たしていることはいうまでもない。しかし合わせて考えなければならないのは、リンカンは南北戦争前後を通ずるアメリカのナショナリズム、とくにその主役となった北部の考えを見事に代表する人であったということである。

建国以来自分の国をヨーロッパの封建的な社会と比較しながら、「自由、平等、幸福の追求」を誰もが実現できるすばらしい国であると考えたアメリカ人のいわゆる「アメリカ的信条」についてはすでに触れた。リンカンはその信条の強烈な持ち主であり、その信条のために南北戦争を戦ったのである。南北戦争における北部の勝利によって連邦が維持され、さらにアメリカの産業資本主義発展の時代が訪れると、この「アメリカ的信条」はますます強化されていった。リンカン自身はアメリカの政治制度と連邦の維持に精力を注ぎ、産業資本主義発展の諸問題には深い関心を払わなかった。それにもかかわらず彼は、南北戦争後のアメリカ-ナショナリズムの偉大なる象徴となっていったのである。

これに加え、リンカンが西部出身であったことが、彼を英雄にし、神話の人とすることに大きな役割を果たしたことに注意したい。広大な公有地を持つ西部は、つねにアメリカの希望の的であった。この西部が南北戦争後急速に開拓され、大陸横断鉄道、鉱山開発、牧畜業など数々の大叙事詩を生んでいったことは周知のことである。一九世紀末になると、アメリカのデモクラシー、自由、平等の社会や精神を育てたのは、ヨーロッパや東海岸の伝統ではなく、西部フロンティアであったという説明が一般にも歓迎されていった。そしてこの頃になると、「アメリカ的信条」の北部とフロンティアーデモクラシーの西部が観念の上で見事に結びついて、アメリカーナショナリズムを支えていったのである。

リンカンという一人の人間の中には、南北戦争後のアメリカのナショナリズムが持つ二つの重要な観念を象徴するものがあった。一つはデモクラシーの国アメリカの理想を象徴する殉教者としてのリンカン、もう一つは西部丸木小屋に生まれ、西部で育ち、西部で生活し、ついに大統領となった西部の英雄としてのリンカンがそれである。そしてこの二つのリンカンのイメージが、奴隷解放宣言、ゲティスバーグ演説、第二次就任演説、暗殺などとからみ合いながら、神話的、伝説的リンカンのイメージを育てていったのである。

ところで、リンカンの物語は、彼が暗殺され、そして英雄となり、神格化されていったことで終わるわけではない。今日ワシントンにあるギリシア神殿に似たリンカン記念堂には、彼の巨大な像が坐っている。それを毎日多くのアメリカ人があたかも聖地を訪れるかのような態度で参詣している。これらのアメリカ人は、リンカンを共和党のリンカンと考えて参詣しているのではない。彼らにとってリンカンは、アメリカ人全体のリンカンなのである。リンカンがこれらの人々に何を遺したのか、一言触れて彼の物語を終わることにしよう。

リンカンがアメリカに遺したものは、もはやいかなる州も事実上分離できない、統一された連邦であった。リンカンがもっとも望んだのは、いうまでもなく連邦統一の維持であった。大統領としての彼の最大の願いは、「自由、平等、幸福の追求」という理念を基盤としたアメリカ-デモクラシーを守るために、連邦の分裂を防ぐことであった。彼は予想もしなかった犠牲を国民に強いなければならなかったが、彼の指導下に北部が南北戦争に勝ったことによって連邦は守られた。これ以後、州やセクションの連邦からの分離運動は姿を消し、連邦の事実上の不可分性が確立されたのである。

もう一つは、アメリカはこうあるべきだという道徳的な目的であった。リンカンは、ゲティスバーグ演説の「人民の、人民による、人民のための政治」に代表される言葉によって、アメリカ合衆国の歴史に対し世界的な意味を与えた。彼はさらに第二次就任演説の「何人に対しても悪意を抱かず、すべての人に慈愛を」という言葉によって、南北の平和を願いながら、アメリカ人はもとより、すべての人間に世界平和の理念を説いた。そしてそのリンカンの選び抜かれた言葉は、ジェファソンの独立宣言と共にアメリカ政治史上の重要な文書となったのである。

リンカンは、アメリカのデモクラシーに危機が訪れるたびに、アメリカはいかにあるべきかと、もう一度振り返って見るべきものをアメリカ人に遺したのである。このようにリンカンはアメリカの分裂を防ぐことに成功し、さらにアメリカの政治に高い道徳的目的を与えたこと、これがリンカンの遺産であった。

しかし、リンカンがアメリカに遺したこういう道徳的目的を強調すればするほど、彼を神格化してしまう危険が再び大きくなることに注意しなければならない。事実本書を書くにあたって、リンカンの生涯をあらためてできるかぎり事実に則して辿《たど》ってみて感じたことは、一般のアメリカ人や日本人の心の中でリンカンがアメリカの道徳的象徴としてあまりにも神話化されてしまっていること、さらにそのために、彼の生涯に起こったアメリカの問題に対する態度が、偉人としてのリンカンの立場から解釈されるか、さもなければ曖昧のままにされていることであった。

本書は、リンカンをあくまでも一人のアメリカの政治家、一人のアメリカ人としてとらえ、従来のリンカン解釈につねに批判の目を向けながら書くことを意図した、リンカンとアメリカの物語である。筆者が、当時のアメリカが直面した問題に対するリンカンの態度に、あるいは彼のアメリカ観にも、時として独断的なものがありはしなかったかと考えていることは、敏感な読者は気がつかれたかも知れない。

リンカンの演説や手紙については、高木八尺、斎藤光両教授の名訳『リンカーン演説集』が岩波文庫に収められ、坂下昇氏訳のカール＝サンドバーグ著『エブラハム・リンカーン』三巻

（新潮社、一九七二）の各所にも紹介されている。これらの訳から多くを学ばせて頂いた。またその一部は訳者のお許しをえて引用させて頂いたことをここに記して厚く御礼申し上げたいと思う。

清水書院の徳永隆氏には終始並々ならぬ御世話になった。合わせて深く感謝したい。

リンカン年譜

西暦	年齢	年譜	背景をなす社会的事件
一七八二		祖父エイブラハム＝リンカン、ヴァージニアよりケンタッキーに移住。	
八六		祖父、インディアンに襲われて死亡。	
一八〇六		6・12　父トーマス＝リンカン、ナンシー＝ハンクスとケンタッキーのワシントン郡で結婚。	
〇七		2・10　リンカンの姉サラ＝リンカン生まる。	
〇九		2・12　リンカン、ケンタッキーに生まる。	マディソン、大統領に就任。
一二	3		対英戦争始まる（～一八一四）。
一六	7	12月　両親と共にインディアナに移住。	
一七	8		モンロー、大統領に就任。
一八	9	10・5　リンカンの実母ナンシー風土病で死亡。 12・13　将来の妻メアリー＝トッド、ケンタッキーのレキシントンで生まれる。	
一九	10	12・2　父、サラ＝ブッシュ＝ジョンストンと再婚。	
二〇	11		ミズーリ協定成立。
二三	14		モンロー宣言。
二五	16		J・Q・アダムズ、大統領に就任。 エリー運河開通。西部への移民促進さる。

一八二六	17	8・2 姉のサラ結婚。	
二八	19	1・20 姉サラ、子供を生むと共に死亡。 4〜6月 ジェイムズ＝ジェントリーに雇われ、平底船でミシシッピ川を下り、ニューオーリンズへ行く。	
二九	20		ジャクソン、大統領に就任。
三〇	21	3月 リンカン一家イリノイのサンガモン川近くへ移住。	ボルティモア・オハイオ鉄道開通。
三一	22	3〜6月 いとこのハンクスとミシシッピ川を下る。 7月 両親と分れ、ニューセイラムで雑貨店経営。	ギャリソン『リベレイター』誌発刊。 ナット＝ターナーの奴隷暴動。
三二	23	3・9 ホイッグ党から州議会へ出馬。 4〜7月 チェロキー反乱鎮圧の軍隊に参加。 8・6 州議会選挙で落選。 秋 他の雑貨店を入手、経営。	サウスカロライナ州の保護関税法無効宣言。
三三	24	春 リンカンと仲間の店破産。 5・7 ニューセイラムの郵便局長に任命さる。	アメリカ奴隷制反対協会設立。
三四	25	8・4 州議会議員に当選。	ホイッグ党結成さる。
三五	26	8・25 婚約者アン＝ラトレッジ死ぬ。	
三六	27	6・13 州議会への再選出馬を表明。 8・1 メアリー＝オーウェン嬢ニューセイラムへ来る。 リンカン再選に成功。 9・9 弁護士資格を申請。	テキサス、メキシコより独立。

一八三七	28	3・1　弁護士の資格を獲得。 4・12　ジョン＝ステュアートの法律パートナーとなる。 4・15　スプリングフィールドへ移住。	スプリングフィールド、イリノイ州の州都に決まる。 ヴァン＝ビューレン、大統領に就任。
三九	30	秋　メアリー＝トッド、ケンタッキーからスプリングフィールドへ来る。リンカンに会う。	7・4　スプリングフィールド正式にイリノイ州の州都となる。
四〇	31	11・23　州議会へ四選さる。 メアリー＝トッドと婚約。	
四一	32	1・1　メアリーとの婚約を解消。 4・14　スティーヴン＝ローガンの法律事務所で働く。	ホイッグ党の大統領ヘンリー＝ハリソン死亡し、ジョン＝タイラーが昇任。
四二	33	11・4　メアリー＝トッドと結婚。	
四三	34	8・1　長男ロバート生まれる。	
四四	35	初夏　ホイッグ党大統領候補ヘンリー＝クレイのために遊説に努める。 9月　スプリングフィールドでハーンドンと一緒に法律事務所を開く。	ポーク、大統領に就任。テキサス併合。
四五	36		メキシコ戦争始まる（～一八四八）。
四六	37	3・10　二男エドワード生まる。 5・1　イリノイ州ホイッグ党大会リンカンを連邦下院議員候補に指名。 8・3　連邦下院議員に選出。	
四七	38	10・25　リンカン一家ワシントンへ向かう。 12・22　連邦下院で「スポット決議」を提出。	カリフォルニアで金鉱発見。

一八四八	39	1・12 連邦下院でメキシコ戦争に関する演説をし、ポーク大統領を攻撃する。 6月 ホイッグ党大統領候補テイラー将軍のため活躍。 9月 テイラーのためニューイングランド遊説旅行。 9月 オレゴン准州の官職提供されるが夫人反対す。	
四九	40		ザカリー＝テイラー、大統領に就任。
五〇	41	2・1 二男エドワード、四歳で死亡。 12・21 三男ウィリアム生まる。	「一八五〇年の妥協」成立。 9・18 逃亡奴隷法成立。
五一	42	1・17 父死亡。リンカン、父の葬儀にも出席せず。	
五二	43		3・20 『アンクル＝トムの小屋』出版。 6・29 ヘンリー＝クレイ死亡。 10・24 ダニエル＝ウェブスター死亡。
五三	44	4・4 四男トーマス生まる。	フランクリン＝ピアース、大統領に就任。
五四	45	4・4 ハーンドン、スプリングフィールド市長。 10・5 共和党スプリングフィールド集会にリンカンを招くが、リンカンこれを避けて町を出る。 10・15 ピオリアで演説。	5・30 カンザス・ネブラスカ法成立。 7月 共和党誕生。8月 イリノイ支部結成。9・1 ダグラス、シカゴで演説。評判悪し。
五五	46	2・8 連邦上院議員指名投票に破れる。	ホイットマン『草の葉』出版。
五六	47	5・29 共和党イリノイ州大会に党員として出席、いわゆる「失われた演説」をする。	5月 カンザスの騒乱激化。

（一八五六）			5・22 プレストン＝ブルックス、チャールズ＝サムナーを連邦上院議場で襲撃。 6月 共和党大統領候補にフレモント指名。
五七	48	6・26 ドレッド＝スコット事件判決に関する演説。	3・4 ブキャナン、大統領に就任。 3・6 ドレッド＝スコット事件判決公表さる。
五八	49	6・16 イリノイ州共和党大会リンカンを連邦上院議員候補に指名。その晩「分かれ争う家」の演説。 8・21〜10・15 リンカン・ダグラス論争。 8・27 フリーポートでの演説。 11・2 イリノイ州議会、連邦上院議員選出、リンカンの支持派敗北。	11月 ダグラス、ブキャナンと訣別、民主党分裂へ向かって動き出す。 10・25 ニューヨーク州ロチェスターでウィリアム＝シュワード「避けることのできない軋轢」の演説。
五九	50	12・20 リンカン自伝風の物語を執筆。	10・16 ジョン＝ブラウンのハーパーズ－フェリー襲撃事件。 12・2 ブラウン、裁判の結果死刑。
六〇	51	2・27 ニューヨークのクーパー－インスティテュート演説。 5・9 イリノイ州共和党大会、リンカン支持を表明。ジョン＝ハンクス大活躍をする。	6・18 北部民主党ダグラスを大統領候補に指名。 6・20 南部民主党ブレッキンリッジを大統領候補に指名。

		6・16 シカゴの共和党全国大会、リンカンを大統領候補に指名。 10月 ニューヨーク州グレース＝ベデル嬢からひげを生やしてはという手紙を受け取る。 11・6 第一六代アメリカ大統領に当選。 12・20 シュワードの政治顧問と会談。	12・20 サウスカロライナ州連邦脱退を宣言。
一八六一	52	1・30～31 継母のサラ＝ブッシュをたずねる。 2・2 スプリングフィールドを出発、ワシントンへ。 2・23 ワシントンに到着。 3・4 リンカン大統領に就任。 4・6 サムター救援艦隊の派遣を命令。 4・15 七万五〇〇〇の志願兵を召集。 4・19 南部の海上封鎖を宣言。 7・4 特別議会への教書（戦争教書）。 9・11 フレモントの布告を否認。	2・4 南部連合国結成。 2・18 J・デイヴィス南部連合国大統領に就任。 3月 モリル関税法成立。3・5 サムター要塞のアンダーソンより食料乏しいとの電報を受け取る。4・12 南軍サムター要塞砲撃開始。 4・13 サムター要塞降伏。 6・3 ダグラス、シカゴで病死。 7・21 第一次ブルランの戦い、連邦軍敗走。8・30 フレモント将軍連邦軍占領地域の奴隷解放を宣言。 11・8 「トレント号」事件起こる。
六二	53	2・20 三男ウィリアム、ホワイトハウスで死亡。 7・8 マクレラン将軍を前線にたずねる。 7・22 奴隷解放宣言の草案を閣僚に見せる。 9・22 奴隷解放予備宣言。 10・1 マクレランをアンティータムにたずねる。	3・9 「モニター」と「メリマック」の海戦。 5月 自営農地法制定。 6・25 リッチモンド前面で七日間戦争始まる。連邦軍退却。

年	年齢	事項	一般事項
（一八六二）		11・5 マクレランを罷免。	8・29 第二次ブルランの戦い。9・17 アンティータムの戦い。リーの北上を阻止。12・13 フレデリックスバーグの戦い。リー圧勝。
一八六三	54	1・1 奴隷解放宣言の布告。 3月 徴兵法の全国的施行。 9月 人身保護令の停止を断行する。 11・19 ゲティスバーグの演説。 12・8 大赦および南部再建についての声明を出す。	2月 国立銀行法制定。5・2〜4 チャンセラーヴィルの戦いで連邦軍敗北。7・1〜3 ゲティスバーグの戦い。リーの北上阻止。7・13〜16 ニューヨーク市で徴兵反対の暴動起こる。
六四	55	3・10 グラントを連邦軍総司令官に任命する。 6・7 大統領候補に再び指名さる。 8月 「ニューヨーク‐トリビューン」紙リンカンを攻撃。 8・23 密封の書類に署名するよう閣僚に要請。 11・8 リンカン再選さる。	5・5〜6 ウィルダーネスの戦い。 8・31 民主党全国大会マクレランを大統領候補に指名。9・2 シャーマン、アトランタを占領。11月 シャーマン軍アトランタより海岸への進軍を開始。 12月 サヴァンナ陥落。
六五	56	2・3 「リヴァー‐クィーン号」船上で三人の南部連合使節と平和問題について会談。決裂。 2・5 特別閣議召集、リンカン有償奴隷解放案を示して反対さる。 3・4 第二次大統領就任演説。 3・23 シティ‐ポイントのグラントの司令部訪問。 4・4 リッチモンド市街を見る。 4・11 リンカン最後の演説、ルイジアナ再建について。 4・14 フォード劇場でブースに狙撃され、翌一五日死亡。	1月 奴隷解放の憲法修正第一三条連邦議会を通過。 4・3 連邦軍南部連合国首都リッチモンド占領。 4・9 アポマトックスでリー、グラントに降伏。

	4・19	ワシントンで国葬。
	4・21	葬送列車ワシントンを出発し、スプリングフィールドへ向かう。
	5・3	葬送列車スプリングフィールドへ到着。

参考文献

『リンカーン演説集』　高木八尺・斉藤光訳　岩波書店　昭32
『リンカーンが撃たれた日』　J・ビショップ著　筒井明・関保義訳　荒地出版社　昭36
『知られざるリンカーン』　D・カーネギー著　原一男訳　ダイヤモンド社　昭44
『リンカーン伝』　ロード＝チャーンウッド著　斉藤数衛訳　創元社　昭34
『リンカーン――アメリカ民主主義政治の神話』　本間長世著　中央公論社　昭42
『リンカーン――奴隷解放の先駆者』　石井満著　旺文社　昭40
『民主政治を築くもの――リンカーンの生涯』　大畠一男著　法政大学出版局　昭31
『エブラハム・リンカーン』　I・II・III　サンドバーグ著　坂下昇訳　新潮社　昭47
『リンカーン精神――アメリカ民主主義百年の吟味』　猿谷要著　弘文堂　昭40
『リンカーン』　沢田謙著　信友社　昭27
『リンカーン伝　上・中・下』　B・トーマス著　坂西志保訳　時事通信社　昭31
『リンカーン――その生涯と思想』　ホイーア著　小原敬士・本田創造訳　岩波書店　昭32
『リンカーン夫人の生涯』　アーヴィング＝ストーン著　蕗沢忠枝訳　新潮社　昭47
『南北戦争』　山岸義夫著　近藤出版社　昭47
『南北戦争研究序説』　山岸義夫著　ミネルヴァ書房　昭48
『南北戦争――その史的条件』　山本幹雄著　法律文化社　昭42
『アメリカ黒人解放史』　猿谷要著　サイマル出版会　昭46

さくいん

新《しん》・人《ひと》と歴史《れきし》　拡大版《かくだいばん》　38

リンカン　南北分裂の危機に生きて

定価はカバーに表示

2019年５月25日　　初　版　第１刷発行

著　者　　井出《いで》　義光《よしみつ》
発行者　　野村　久一郎
印刷所　　法規書籍印刷株式会社
発行所　　株式会社　**清水書院**
〠102－0072
東京都千代田区飯田橋3－11－6
電話　03－5213－7151㈹
FAX　03－5213－7160
http://www.shimizushoin.co.jp

カバー・本文基本デザイン／ペニーレイン
乱丁・落丁本はお取り替えします。　ISBN978－4－389－44138－8